EL VOTO LEJANO
CULTURA POLÍTICA Y MIGRACIÓN
MÉXICO-ESTADOS UNIDOS

# EL VOTO LEJANO
## CULTURA POLÍTICA Y MIGRACIÓN
## MÉXICO-ESTADOS UNIDOS

Víctor Alejandro Espinoza Valle

**El Colegio
de la Frontera
Norte**

MÉXICO                                    2004

Primera edición, mayo del año 2004

© 2004
EL COLEGIO DE LA FRONTERA NORTE
ISBN 968-7947-25-X

© 2004
Por características tipográficas y de edición
MIGUEL ÁNGEL PORRÚA, librero-editor

Derechos reservados conforme a la ley
ISBN 970-701-469-5

IMPRESO EN MÉXICO            PRINTED IN MEXICO

Amargura 4, San Ángel, Álvaro Obregón, 01000 México, D.F.

JACQUELINE PESCHARD

# Prólogo

$C$UANDO LA *reforma electoral de 1996 abrió la posibilidad de que el voto de los mexicanos no estuviera condicionado por la residencia en el territorio nacional, ya se había extendido la muy impresionista idea de que los cerca de 10 millones de mexicanos en el extranjero vivían dramáticamente tal exclusión del ejercicio ciudadano y que estaban ávidos de participar electoralmente en México.*

*La existencia de importantes movimientos de migrantes a favor del voto, y la convicción de que quienes habían abandonado el país, lo habían hecho por falta de oportunidades de trabajo y que, por tanto, constituían naturalmente potenciales votantes antipriístas, refrendaron esta visión que, además, se corresponde con la tradicional inclinación nacionalista que ha caracterizado a la cultura política mexicana.*

*Se trataba, en efecto, de una percepción fuertemente partidizada, pero carente de fundamentación empírica alguna. Se desconocía si la población mexicana allende nuestras fronteras estaba realmente dispuesta a traba-jar por rescatar ese derecho. Incluso, en el caso de la doble nacionalidad, no se sabía si estarían interesados en optar por el ejercicio ciudadano en el país de origen.*

*El estudio de Víctor Alejandro Espinoza Valle es una contribución a la mejor comprensión del fenómeno, en la medida que documenta la situa-ción de la demanda de ejercicio de derechos políticos de los migrantes mexi-canos en los Estados Unidos, permitiendo explorar los mecanismos que serían mejor recibidos por dicha población para satisfacer dicha carencia.*

*Para ello, enlaza dos encuestas, diseñadas y aplicadas por El Colegio de la Frontera Norte en una misma coyuntura política electoral, esto es, las elecciones de 2000. La primera fue levantada entre población mexicana que se dirigía o procedía de los Estados Unidos en los cinco aeropuertos mexicanos con el mayor volumen de desplazamientos de migrantes y la segunda se realizó el día mismo de la elección en las "casillas especiales" que son aquellas reservadas para el voto de quienes se encuentran fuera de su sección electoral de residencia, en los tres distritos electorales de Tijuana y Playas de Rosarito.*

*El trabajo combina, entonces, una consulta preelectoral que busca medir los niveles de involucramiento de la población migrante con los procesos electorales (información sobre las elecciones, inclinación participativa, disposición para hacer viable el derecho al voto y mecanismos de preferencia para ejercerlo), con una encuesta de salida de "casillas especiales" que pretende identificar el perfil de la población que efectivamente participó. El objetivo en este caso era medir el interés de los mexicanos que cuentan con credencial para votar, para aprovechar la oportunidad que ofrecen las casillas especiales en una elección presidencial.*

*Los resultados que arroja el estudio muestran un mundo menos idílico y, desde luego, más problemático. El deseo genérico de votar en las elecciones mexicanas existe y en elevados porcentajes, pero la disposición efectiva a pugnar por hacerlo viable es bastante escasa —menos del 20 por ciento de los entrevistados. Además, el sexo y el contar con educación primaria son variables intervinientes que fomentan esta disposición.*

*Cabe destacar el acuerdo muy generalizado de seleccionar a los consulados como el lugar idóneo para la emisión del voto en los Estados Unidos, así como el voto por correo que, por otro lado, es el que existe en el país vecino para el voto de los que están ausentes en una elección.*

*La encuesta en las "casillas especiales" da cuenta del reducido interés efectivo de los mexicanos residentes en la frontera norteamericana por ejercer el derecho al voto. De acuerdo con los datos del autor, de un universo potencial de 1.5 millones de mexicanos en los Estados Unidos que cuentan con credencial de elector, solamente 48,000 votaron en la frontera, y de los que lo hicieron en los tres distritos considerados, sólo el 15.6 por ciento reside en el país vecino. Esto revela que, hoy por hoy, dichas casillas no son contempladas, cuando menos masivamente, como una oportunidad real para aquella población migrante que tiene la posibilidad de sufragar, en la medida que cuenta con su credencial de elector.*

*En cuanto al perfil del votante en dichas casillas, que abarca un 85 por ciento de residentes en el territorio mexicano, la encuesta señala que en comparación con las casillas regulares, el voto fue ahí ligeramente más proclive a las dos alianzas opositoras en el 2000, Alianza por el Cambio y Alianza por México, en detrimento del voto a favor del partido gobernante. Dicho de otra manera, en cierta forma los migrantes más activos en estas circunstancias son efectivamente más proclives al voto opositor al PRI.*

*El estudio de Víctor Alejandro Espinoza Valle delinea puntualmente el fenómeno de las percepciones de los migrantes mexicanos en el vecino país, y en ese sentido, ayuda a desmitificar el tema y a colocarlo en su justa dimensión. Además, la descripción precisa de las percepciones de los migrantes le permite proponer una instrumentación gradual de la traducción práctica del derecho constitucional que tienen los mexicanos que viven en el exterior. Dicha instrumentación por etapas tendría que comenzar por considerar a los 1.3 millones de mexicanos fuera del país que ya cuentan con su credencial de elector, lo cual permitiría ir evaluando el impacto de dicho ejercicio en los terrenos político, económico y, desde luego, en las relaciones bilaterales.*

*El voto lejano de Víctor Alejandro Espinoza Valle proporciona datos concretos que seguramente serán de gran utilidad para los legisladores quienes hoy tienen en sus manos la responsabilidad de reglamentar el ejercicio de este derecho político básico. Está comprobado que sin una reforma al Código Federal de Instituciones y Procedimientos Electorales que precise los requisitos y las modalidades para que los mexicanos en el extranjero ejerzan el derecho al sufragio, no hay posibilidades efectivas de que dicho derecho se materialice.*

# Presentación

POCO SABEMOS acerca de la cultura política de los mexicanos en Estados Unidos.[1] Ante tal desconocimiento hemos cubierto los vacíos con estigmas y mitos. La mayoría de las ocasiones optamos por visiones simplistas o dicotómicas: todo es negativo o todo es positivo en lo relacionado con los connacionales que residen en el extranjero. Así ha sido por décadas y ya sabemos que las concepciones culturales se transforman de manera lenta y gradual. Poco a poco descubrimos que la visión extrema de poco sirve para conocer realmente la forma como se involucran en la vida política mexicana y estadounidense. Un medio útil, que no el único, son los estudios basados en las encuestas de opinión política. Representan un esfuerzo por obtener una fotografía del perfil sociodemográfico y de la valoración que provoca el tema planteado. Si técnicamente están bien diseñadas y aplicadas pueden ser representativas del colectivo social. Nada más, pero nada menos. Para la ciencia política las encuestas se han convertido en importantes barómetros de la concepción ciudadana acerca de la vida política y comunitaria. Sobre todo, existen fenómenos escasamente documentados, donde la información levantada a una muestra representativa ayuda a descifrar y a explicar las elucubraciones previas; se trata, en muchos casos, de la primera fuente para intentar precisar el tema propuesto. Es lo que sucede con los trabajos aquí incluidos.

[1] En este trabajo utilizo la noción de cultura política "como el conjunto de orientaciones y referentes que ordenan y dan significado a la acción política de los ciudadanos; es decir, hace referencia a la dimensión subjetiva de la política. La cultura política de una sociedad es el resultado de un proceso histórico, a lo largo del cual los miembros de una colectividad van procesando sus experiencias con el sistema político", Jacqueline Peschard, "Introducción", *Cultura Política*, 1996, p. 7.

El objetivo central de este pequeño libro es el de dar a conocer los resultados de dos encuestas relacionadas temáticamente. Ambas fueron diseñadas y aplicadas por investigadores de El Colegio de la Frontera Norte en la misma coyuntura política: las elecciones presidenciales del 2 de julio de 2000. Los resultados nos permiten arribar a conclusiones que distan mucho de la visión dicotómica a la que aludíamos con anterioridad. Pero también, permiten prever situaciones que en materia electoral podrían ocurrir en las futuras elecciones presidenciales. Esas son las pretensiones de presentar los resultados de manera conjunta; no se trata de una revisión exhaustiva de la temática, simplemente busco compartir los resultados de dos instrumentos que pudieran ser útiles para todos los involucrados en la discusión de un fenómeno central para la cultura y la política nacional.

En el capítulo titulado "El voto difícil", se aborda la relación entre los valores políticos de los migrantes mexicanos y su posible traducción en participación activa en los comicios presidenciales. Con base en una encuesta aplicada en el verano de 1998,[2] previo a las elecciones del 2 de julio de 2000, se presentan las contradicciones, paradojas y posibles vías de solución al voto en la distancia de aproximadamente 10 millones de mexicanos en edad ciudadana (18 años y más) que viven en el extranjero, mayoritariamente en Estados Unidos. Se trata de un voto difícil reivindicado por un sector importante de la sociedad mexicana. La discusión volverá a salir a la superficie y será centro del debate político en ambos países conforme avance el calendario electoral.

Por su parte, el capítulo sobre el comportamiento electoral en las casillas especiales fronterizas, "Las elecciones presidenciales del año 2000 en la frontera norte. El voto en las casillas especiales", fue elaborado a partir de los resultados de una encuesta aplicada el día de la elección presidencial en las 16 casillas instaladas en los distritos 4, 5 y 6 de las ciudades de Tijuana y Playas de Rosarito, Baja California. A la manera de las encuestas de salida, la información

---

[2] Y realizada por El Colegio de la Frontera Norte a solicitud del Instituto Federal Electoral.

resultó plenamente confiable e interesó conocer el perfil del votante en tránsito y sobre todo, poder reconocer a los migrantes internacionales, aquellos que se trasladaron de Estados Unidos para emitir su sufragio.

Los resultados aquí presentados resultan sumamente interesantes. Se rompe con la idea romántica de que los connacionales en el extranjero están dispuestos a todo con tal de participar en los comicios mexicanos. Sí les interesa votar, pero bajo ciertas circunstancias. Votar en la distancia no es fácil, aun cuando se haya ingresado de manera legal a los Estados Unidos. Se trata de grupos heterogéneos que manifiestan intereses más reales de lo que las creencias les confieren. El estudio sobre los electores en tránsito muestra con claridad que las masas de mexicanos que residen en el extranjero no tomaron por asalto la frontera norte el 2 de julio de 2000. Las casillas especiales registraron una actividad normal. No hubo acontecimientos extraordinarios. La amplia mayoría de votantes fueron residentes en nuestro territorio fuera de su sección por despiste, error o falta de actualización en el listado nominal o simplemente por andar fuera del terruño. Incluso los resultados entre las casillas regulares y las especiales fueron semejantes en cuanto al triunfo del candidato de la Alianza por el Cambio, Vicente Fox.

Considero que la información que aquí se incluye puede ser útil para el debate en torno al voto de los mexicanos en el extranjero. Sin duda, las elecciones del verano de 2006 serán un buen acicate para la discusión de uno de los temas más mitificados, estigmatizados, pero poco comprendidos de nuestra cultura política. Incluyo al final un listado bibliográfico temático que pudiera ser útil para profundizar en el conocimiento y discusión acerca del voto de los mexicanos en la distancia. Asimismo, anexo las notas metodológicas de las dos encuestas analizadas, así como sus respectivos cuestionarios.

Los trabajos presentados no hubieran sido posibles sin el apoyo técnico de la maestra Ana Claudia Coutigno; el procesamiento de los datos de las encuestas y sus comentarios fueron fundamentales para la comprensión del fenómeno bajo estudio. Asimismo, agradezco los valiosos comentarios y sugerencias de Leticia Calderón Chelius (Instituto José María Luis Mora), José Juan de Olloqui (Instituto de Investigaciones Jurídicas de la UNAM) y José Negrete Mata (El Colegio de la Frontera Norte). Obviamente todo lo escrito es de mi entera responsabilidad.

# El voto difícil

E N JULIO de 2001, tal como lo había hecho durante su campaña, el presidente Vicente Fox volvió a ofrecer a los mexicanos residentes en el extranjero la posibilidad de votar en las próximas elecciones presidenciales de 2006; a lo largo de su mandato ha reiterado su deseo de que los connacionales participen desde el exterior mediante el sufragio, de manera correspondiente con la importante participación económica que llevan a cabo a través del envío de remesas.

Uno de los temas no resueltos en el camino hacia la construcción y consolidación de la democracia en nuestro país es, sin duda, el del voto de los mexicanos en el extranjero. Según los datos oficiales, aproximadamente 10 millones de personas de origen mexicano en edad de votar viven en el extranjero; de ese gran universo, el 99 por ciento reside en Estados Unidos. Es un dato que no parece tener parangón en el mundo occidental. Casi 3 millones de ellos son indocumentados, es decir, no cuentan con documentos legales para vivir en Estados Unidos. La mayoría de nuestros connacionales vive en California, Texas, Arizona, Illinois y Nueva York. Se trata de una muy alta concentración de mexicanos en cinco estados de la Unión Americana, referencia muy importante a tener en cuenta en cualquier estrategia por incluirlos en un proceso electoral nacional.

Como se sabe, el 31 de julio de 1996 el Senado aprobó las reformas a la Constitución Política para garantizar formalmente el derecho de los mexicanos residentes en el extranjero a votar en elecciones mexicanas.[3] En efecto, al artículo 36 se le suprimió el

---

[3] Reformas promulgadas mediante su publicación en el *Diario Oficial de la Federación* el 22 de agosto de 1996. Los antecedentes de dicha reforma se remontan un año antes, cuando en

párrafo que establecía como requisito votar en el distrito electoral de residencia, con lo cual se extendía el derecho a todos los mexicanos, independientemente del lugar en que se encontraran. Así, la discusión ya no es si los mexicanos de fuera tienen derecho a votar o no, sino cómo deberían de hacerlo. En las reformas a diversos artículos del *Código Federal de Instituciones y Procedimientos Electorales* promulgadas el 22 de noviembre de 1996, quedó plasmado en el artículo octavo transitorio que el IFE designaría una comisión de especialistas para que llevara a cabo estudios conducentes a establecer las modalidades para que los ciudadanos mexicanos residentes en el extranjero pudieran participar en las elecciones presidenciales; con sus insumos el Congreso estaría posibilitado para llevar a cabo las reformas legales necesarias, "una vez que se encuentre integrado y en operación el Registro Nacional Ciudadano y se hayan expedido las cédulas de identidad ciudadana".[4] Para instrumentar el mandato, el 29 de abril de 1998 el Consejo General del Instituto Federal Electoral nombró a una comisión de especialistas para que realizara un estudio en un plazo corto –seis meses– en torno a la factibilidad técnica y las modalidades del voto de los mexicanos en el extranjero.[5] Dicha comisión entregaría los resultados al IFE y éste a su vez las haría llegar a la Cámara de Diputados, para que el Congreso, de considerarlo viable, elaborara la ley correspondiente para posibilitar el voto en la distancia en la elección presidencial del año 2000.[6] Como todos sabemos, dicha ley nunca se expidió, aunque ha habido algunas iniciativas al respecto.

---

1995 fue suscrito el Acuerdo Político Nacional entre los cuatro principales partidos que contaban con representación en el Congreso. "En la agenda para la reforma electoral definida el 15 de mayo de 1995 se incluye dentro del temario correspondiente a los derechos políticos un punto específico sobre el voto de los mexicanos en el extranjero", José Woldenberg, *La construcción de la democracia*, 2002, p. 143.

[4] *Código Federal de Instituciones y Procedimientos Electorales y otros ordenamientos electorales*, 1996, p. 302.

[5] La comisión de especialistas quedó integrada por: Víctor Blanco Fornieles, Rodolfo Corona Vázquez, Jorge Durand Arp-Nisen, Víctor García Moreno, Guadalupe González González, Víctor Guerra Ortiz, Rodrigo Morales Manzanares, Olga Pellicer, Alberto Székely, Rodolfo Tuirán Gutiérrez, Leonardo Valdés Zurita, Gustavo Verduzco y Víctor Zúñiga González.

[6] El consejero presidente del IFE, José Woldenberg, agrupa las propuestas de la comisión en dos grandes apartados: "El registro de los ciudadanos al padrón y la forma de emisión del voto

Otra reforma cercana y que en un principio levantó fuertes expectativas fue la llamada "Ley de la no pérdida de la nacionalidad" o Ley de Nacionalidad en términos formales. Se trató de una serie de reformas a los artículos 30, 32 y 37 de la Constitución y la expedición de su ley reglamentaria, cuyo objetivo era que ningún mexicano por nacimiento pudiera perder su nacionalidad. Así, el 20 de marzo de 1997 se promulgó la ley que permitía a quienes fueran mexicanos por nacimiento (nacidos en territorio mexicano o en el extranjero, pero de padre o madre o ambos mexicanos) adquirir otra nacionalidad. Evidentemente el

---

(…)" Y describe "las alternativas que harían «técnicamente viable» el voto de los mexicanos en el extranjero.

En lo que hace al registro de electores: 1. Registro con padrón y con credencial expedida en el extranjero: requiere realizar una campaña de credencialización fuera de México, registrarlos, hacer pasar sus datos por los mismos mecanismos que en México y proporcionarles, también fuera, una credencial con fotografía. 2. Registro con padrón y tarjeta de identificación electoral con foto expedida en el extranjero: implica campañas de registro en el exterior, pero se otorgaría la tarjeta al mismo tiempo que el ciudadano se registra. La verificación y las pruebas de autenticidad de la tarjeta ocurrirían después de que se otorga. 3. Sin registro en el extranjero, sin padrón levantado en el extranjero y con credencial para votar con fotografía expedida en México: esto es, el registro de votantes y la emisión y otorgamiento de la credencial se haría exclusivamente dentro del territorio nacional (…).

Por su lado, seis son las modalidades propuestas para el segundo aspecto, el de la emisión del voto: 1. Voto en casilla ordinaria, con lista nominal y credencial para votar con fotografía: ésta es una reproducción de lo que ocurre hoy en las elecciones mexicanas. En cada casilla existe una lista de votantes a la que acuden ciudadanos portando su credencial para votar. 2. Voto en casilla ordinaria, con lista nominal y tarjeta de identificación electoral con fotografía. La identificación requerida para poder votar es distinta a la anterior. 3. Voto en casilla especial, sin lista nominal y credencial para votar con fotografía. El votante acude a una casilla y su identificación no es confrontada contra ninguna lista previa. 4. Voto en casilla especial, sin lista nominal y tarjeta de identificación electoral con fotografía: a la tarjeta, emitida de forma expedita en el extranjero no le corresponde una lista donde cotejar los datos del ciudadano. 5. Voto a distancia, con lista nominal y credencial para votar con fotografía: como en la mayor parte de los países europeos, el ciudadano recibirá por correo, en su domicilio, la boleta electoral; o como una variante, al momento de apuntarse en el padrón, el ciudadano registraría su voz y una clave especial mediante la cual tendría acceso a la votación a través del teléfono. 6. Voto a distancia, con lista nominal y tarjeta de identificación electoral con fotografía: básicamente es el mismo procedimiento que el anterior, sólo que la tarjeta y no la credencial sería el documento de identificación que acredite el registro del ciudadano a la lista de electores.

El informe describe detalladamente la puesta en práctica de cada una: desde la convocatoria hasta la elección, el tipo de materiales electorales necesarios (boletas, actas, etcétera), su conexión al sistema de resultados electorales preliminares y su impacto en las leyes vigentes", *La construcción de la democracia*, 2002, pp. 162-164.

objetivo de la reforma era propiciar que aquellos mexicanos residentes en Estados Unidos y que por el prurito de perder la nacionalidad mexicana, optaran por adquirir la ciudadanía estadounidense. Se le preservaba su derecho de propiedad en territorio
mexicano y se les motivaba a reivindicar sus nuevos derechos
sociales y políticos en su país de residencia.

> Para algunos críticos, los verdaderos destinatarios de la norma
> no eran los millones de migrantes indocumentados en los
> Estados Unidos (que de cualquier modo no estaban en condicio-
> nes de solicitar la ciudadanía en ese país), sino los ciudadanos
> norteamericanos de origen mexicano que al naturalizarse habían
> disminuido su envío de remesas en dólares a México.[7]

Efectivamente no se trataba de una ley de doble ciudadanía;
y éste es un tema que aún no ha sido suficientemente debatido
en nuestro país. Nuestra legislación contempla tanto la nacionalidad como la ciudadanía; pero en Estados Unidos sólo existe la
ciudadanía, misma que puede ser adquirida por naturalización
o por nacimiento. Por lo mismo, para el sistema legal norteamericano la distinción entre nacional y ciudadano no existe; por
tanto, quien adquiere la ciudadanía lo hace para ejercer derechos
y obligaciones cívicas y políticas. La discusión sobre la pérdida
de la ciudadanía en aquel país reconoce dos momentos importantes: en 1958 la Suprema Corte de Justicia dictaminó que la
participación de un norteamericano naturalizado en el proceso
electoral de su país de origen era causal de pérdida de la ciudadanía. Sin embargo, en 1967 ante otro caso, cambió radicalmente
su criterio y consideró que "para perderla es necesaria una renuncia voluntaria y expresa".[8] En caso de que los mexicanos de origen
que hayan optado por la naturalización pudieran votar y lo hicie-
ran en las elecciones federales mexicanas, volvería con fuerza el

---

[7] Pablo Mijangos y González, "El voto de los mexicanos en el extranjero: historia de una
ciudadanía negada", *Istor*, 2002, pp. 37.
[8] *Ibidem*, pp. 43.

debate en Estados Unidos acerca de la eventual pérdida de la ciudadanía norteamericana; sobre todo por la magnitud del fenómeno que ya no se circunscribiría a un caso, sino a millones muy probablemente: al menos en ese universo cabría el millón de personas nacidas en México que optaron por la naturalización. Además de este amplio grupo, deberíamos considerar a casi tres de ciudadanos norteamericanos por nacimiento (2.674 millones), hijos de padre o madre o ambos mexicanos por nacimiento, pero que en virtud de su probable decisión de optar por la nacionalidad mexicana se convertirían en potenciales votantes en elecciones mexicanas.[9] El problema sólo está planteado y requiere ser revisado a fondo.

Por mucho tiempo la discusión sobre el voto en el extranjero se polarizó entre los que estaban a favor o en contra. Por esa costumbre tan arraigada en México de clasificar los problemas y fenómenos políticos en dos apartados (blanco o negro), la discusión no prosperó. Se dice que los gobiernos emanados del Partido Revolucionario Institucional (PRI), consideraban que los mexicanos residentes en el extranjero, de permitírseles el voto, optarían por partidos de oposición; por ello se opusieron sistemáticamente a abrir esa posibilidad. Los partidos situados a la izquierda del espectro político estimaban que de permitirse el sufragio, los mexicanos de afuera se inclinarían por votar por el cambio desde ese flanco. Al parecer el Partido Acción Nacional (PAN) no tenía una idea clara de cómo se comportarían esos votantes. Después de las elecciones presidenciales de 1988 en el Partido de la Revolución Democrática (PRD) empezó a ganar fuerza la idea original de que los votantes apoyarían a los candidatos de izquierda. Creo que entre algunos consejeros electorales del IFE también tuvo eco esta interpretación.

Emilio Zebadúa, consejero electoral del IFE y posteriormente secretario general de Gobierno en Chiapas, fue quien con entusiasmo promovió los estudios sobre la viabilidad del voto en el extran-

---

[9] Datos del *Informe final de la comisión de especialistas que estudia las modalidades del voto de los mexicanos residentes en el extranjero*, 1998, p. 9.

jero. Muchos intelectuales abrazaron esta causa, aun sin conocer los alcances e implicaciones de instrumentar un operativo electoral tendiente a captar los votos de 9.8 millones de compatriotas. El presidente del IFE, José Woldenberg, manifestaba su preocupación al respecto:

> Merece (...) una revisión detallada el tema recurrente del voto de los mexicanos en el extranjero. Parto de una consideración inicial: en nuestro país, en términos constitucionales, todos los ciudadanos mexicanos tienen derecho al sufragio, aunque en términos legales y prácticos sólo puede ejercerse dentro de las fronteras del territorio nacional. No estamos en realidad ante un problema de discriminación política derivado de la Constitución sino ante un asunto de carácter organizativo, logístico y legal. Por tanto, hay que atender estas esferas para garantizar que la ampliación del ejercicio del voto más allá del territorio se acompañe de condiciones que protejan la confianza electoral.[10]

Las consultas que se han hecho con los mexicanos de afuera muestran que la intención del voto es muy alta. Las opiniones de los mexicanos residentes en nuestro país lo corroboran. Se trata de un consenso de partida para ampliar la participación ciudadana en la construcción de nuestra democracia. Ésta, como bien muestra la realidad, no llega de la noche a la mañana; lleva más tiempo desterrar la cultura política excluyente.

El asunto no es tan fácil como el de tener voluntad política para que se instrumente un operativo de tal magnitud. Claro que es importante, pero ya sabemos que no basta para consolidar las prácticas democráticas. En el pasado la discusión del tema se politizó, sobre todo porque los actores políticos carecían de información sobre la cultura política de los migrantes y partían sólo de suposiciones. Incluso los resultados de las investigaciones de la comisión de especialistas puede tener lecturas encontradas. En el

---

[10]José Woldenberg, "Doce cambios deseables", *Nexos*, núm. 283, 2001, p. 47.

verano de 2001, los editores de la revista *Nexos* llamaban la atención sobre algunas de las implicaciones de pretender votar en la distancia:

> El voto de los mexicanos en el extranjero suena a una causa noble, pero es una locura práctica y una aventura política. La última cifra del costo de tal operación andaba en los 800 millones de dólares sólo para efecto de empadronamiento y registro. Sigue el problema de cómo organizar la elección mexicana en Estados Unidos. Sigue el problema de candidatos mexicanos haciendo campaña en Estados Unidos y hablando pestes de la migra, la DEA (Drug Enforcement Administration), la discriminación y los gringos (después de todo, se trata de ganar votos).[11]

Para el consejero presidente del IFE, organizar una elección a semejanza de las que se realizan en México, requeriría que el IFE colocara "9,141 casillas, con 750 electores cada una y distribuidas en 38 estados de la Unión Americana. Tendría que sortear a unas 980 mil personas y 64 mil de ellas deberían vigilar el curso de la votación como funcionarios de casilla"; respecto a los costos económicos probables se situarían entre los "76 millones de dólares (en una modalidad donde se excluye la elaboración de una lista nominal de electores, la emisión de credenciales y la instalación de casillas ordinarias) a los 356 millones de dólares (en una modalidad con voto a distancia utilizando lista nominal y una tarjeta de identificación para emitir el voto por teléfono)".[12]

En diciembre de 1998, El Colegio de la Frontera Norte organizó un evento sobre el tema. A dicho seminario internacional asistieron académicos, funcionarios públicos, organizaciones no gubernamentales, consejeros electorales nacionales y autoridades del Instituto Federal Electoral (IFE); pero además, participaron representantes de organizaciones de mexicanos en el extranjero y dirigentes chicanos históricos. Estos últimos señalaron algunos

[11] Editores de *Nexos*, "Doce reformas, tres comentarios", en *Nexos*, núm. 283, 2001, p. 12.
[12] José Woldenberg, *La construcción de la democracia*, 2002, pp. 161 y 164.

de los problemas mencionados por los editores de *Nexos*: es muy probable que el voto de los mexicanos en Estados Unidos venga a perjudicar más que a favorecer las condiciones en las que se encuentran nuestros compatriotas. Es muy probable que la realización de campañas presidenciales en las que seguramente se aludirá a las condiciones marginales de los mexicanos, haga reaccionar a las autoridades vecinas y endurezca sus posturas contra México en general, y contra los migrantes en lo particular. También se exacerbarán los sentimientos xenofóbicos y racistas entre la población anglo. Considerarán una verdadera intromisión en los asuntos internos el hecho de que los candidatos desarrollen campañas en su país, independientemente del medio que usen. Nosotros reaccionaríamos igual si los candidatos presidenciales norteamericanos vinieran a buscar el voto hispano y a criticar desde aquí las condiciones socioeconómicas y políticas en las que vivimos y que, en su opinión, les afectan. Pero también los líderes chicanos recordaron que la lucha por el reconocimiento de los derechos políticos de la población de origen mexicano data de muchos años y que una de sus reivindicaciones principales ha sido el derecho al voto en Estados Unidos y a ocupar espacios de representación en los gobiernos y diferentes instancias sociales. El voto de los mexicanos llevaría a ejercer una doble ciudadanía y en la decisión de tener que optar por alguna de ellas, seguramente muchos de ellos lo harían por la mexicana, con lo cual se perdería gran parte de los logros ya alcanzados como ciudadanos norteamericanos. Como vemos éstas sólo son algunas de las aristas del problema. Insisto, el tema es sumamente complejo y requiere de una discusión de fondo.

Como señalaba también, durante 1998 el IFE formó una comisión de especialistas para que estudiara las posibilidades del voto en la distancia y propusiera algunas de las vías que se podrían utilizar para emitir el sufragio fuera del territorio nacional. A partir de la encuesta que a continuación analizo, la comisión supo que aproximadamente el 80 por ciento de los entrevistados mostraba disposición para votar en las elecciones presidenciales del 2 de julio de 2000. La población entrevistada fue de mexicanos que salían hacia o procedían de Estados Unidos en cinco de los aeropuertos del país que registran un mayor volumen de desplazamientos de migrantes. Esto quiere decir, que se trataba de una población que contaba con documentos legales para trasladarse al país vecino. Evidentemente, esto influye en el tipo de información recolectada.

Otro elemento a tomarse en cuenta es que los deseos por participar electoralmente se veían acompañados de una muy baja experiencia electoral en los comicios inmediatos anteriores (1994). Apenas un 12 por ciento respondió afirmativamente. Tampoco la respuesta de posesión del documento requerido para poder votar –credencial federal con fotografía– fue concordante con la alta intención: sólo el 21 por ciento declaró estar en posesión del documento. Otro de los rubros indagado fue sobre la disposición de registrarse para obtener algún documento que les permitiera sufragar; también aquí el porcentaje fue muy alto (aproximadamente el 80 por ciento). Sin embargo, cuando se les interrogó acerca de los tiempos que estarían dispuestos a invertir para registrarse en un padrón u obtener algún tipo de credencial, el 75 por ciento declaró que menos de una hora y sólo el 9 por ciento afirmó que el tiempo necesario. De nuevo la distancia entre el deseo y su instrumentación es enorme.

Una de las paradojas que brinda la información es que a pesar de que en Estados Unidos sólo contamos con 42 consulados, es el lugar que los migrantes consideran el ideal para emitir su sufragio. En todos los casos, tanto para un posible registro o para la obtención de un documento, así como para sufragar, mayoritariamente se inclinaron por la representación mexicana más cercana. Sin embargo, nuevamente el tiempo que estarían dispuestos a invertir para alguna de las actividades señaladas es el mínimo, es decir, menos de una hora. La comisión consideró que una de las posibles salidas al voto en la distancia era a través del servicio postal, a la manera en que lo hacen otros países. El 63 por ciento de los entrevistados se manifestó por esta opción. Sin embargo, para utilizar esta vía tendríamos primero que modernizar gran parte de nuestras

comunicaciones pues nos arriesgaríamos a recibir votos con un consi-
derable retraso o a que no llegaran jamás a su destino. Pero también,
tendríamos que hacerlo extensivo al resto de los mexicanos residentes en el país. No se puede legislar exclusividades.

Lo único que he querido mostrar es que el tema del voto en la
distancia es sumamente complejo, por lo cual las soluciones simplistas salen sobrando. Todos queremos que el derecho del voto se
haga extensivo a los ciudadanos mexicanos por igual, independientemente de dónde se encuentren. Quizás la salida no sea apostar al
todo o nada; es decir, podríamos ir instrumentando el voto a través
de etapas. La primera podría ser que aquellos que ya cuenten con
la credencial federal y residan en el extranjero –y que la comisión
estimó entre 1.3 y 1.5 millones para Estados Unidos– voten en
los consulados mexicanos en la próxima elección presidencial.[13]
Tendríamos mayores elementos para evaluar las implicaciones
tanto en el terreno político, en el económico, así como en el plano
de las relaciones bilaterales. Esta primera etapa serviría para desple-
gar una política electoral más realista y justa.

A continuación llevo a cabo el análisis de los resultados de la
encuesta sobre *Migración internacional y participación electoral,*[14]
que realizó El Colegio de la Frontera Norte a petición del Instituto
Federal Electoral y que sirvió de insumo para los trabajos de la
comisión de especialistas.

[13] José Negrete Mata, director del Departamento de Estudios de Administración Pública
de El Colef, propone que quienes cuentan con credencial electoral, además de acudir a votar
al consulado pudieran enviar su voto por correo a dichos consulados desde territorio norteamericano. El asunto no es tan sencillo pues tendrán que acudir previamente a recoger la
boleta electoral o a registrarse al consulado para que el voto no fuera rechazado al recibirse
por esta vía; pero esto ya introduce la modalidad de elaborar un listado que en la primera
opción no se tiene contemplado.
[14] La encuesta, *Migración internacional y participación electoral*, coordinada por Jorge Santibáñez Romellón, fue realizada por muestreo probabilístico a migrantes internacionales que
llegan de o se dirigen a Estados Unidos por alguno de los siguientes aeropuertos: ciudad de
México, Zacatecas, Bajío, Morelia y Guadalajara. Estos aeropuertos son las zonas tradicionales
de salida de los migrantes internacionales y que reciben o envían vuelos de las principales
zonas de llegada de estos migrantes en Estados Unidos (principalmente en los estados de
California, Texas e Illinois). La encuesta fue aplicada durante un mes, del 17 de agosto al
16 de septiembre de 1998. En total se aplicaron 1,021 cuestionarios a migrantes en tránsito
hacia Estados Unidos y 898 a migrantes que regresaban a México (veáse anexo 2).

## Saberes ciudadanos

Si en buena medida la cultura política se nutre del conocimiento y participación en los procesos electorales, entonces debemos relativizar el grado de desarrollo de dicha cultura entre los grupos de migrantes estudiados. De eso da cuenta la información de los dos cuadros iniciales. Por ejemplo, el primero muestra que más de la mitad de los entrevistados tanto de destino como de procedencia estaban enterados de las elecciones presidenciales del año 2000. Son los hombres quienes parecen tener mayor información al respecto; en el grupo de los migrantes en tránsito hacia Estados Unidos, aventajan a las mujeres por casi un 20 por ciento (19.8). En el caso de los que regresan del país vecino, la cifra se incrementa radicalmente alcanzando una diferencia del 30.8 por ciento, es decir, los hombres casi doblan en conocimiento electoral a las mujeres.

En el caso de los migrantes de destino parece obvio que sus respuestas son más afirmativas ya que regresaban de realizar una estancia en el país. Si analizamos la información por grupo de edad, encontramos que las respuestas afirmativas provienen en buena medida de los grupos de entre 30 y 35 años y 36 a 41 años. Tomando como base la variable escolaridad, encontramos que las respuestas afirmativas se concentran entre quienes cursaron la primaria, seguidos por los que se identificaron como profesionistas y quienes obtuvieron una acreditación de estudios de posgrado. En este último caso no sorprenden los datos, sí llama la atención la concentración entre quienes sólo cuentan con los primeros estudios de educación básica, es decir, la primaria.

Por lo que hace al voto recordado, llama la atención el que la mayoría de los entrevistados declaró no haber votado en las elecciones presidenciales anteriores (1994). Solamente el 12 por ciento afirma haber participado y esto es válido tanto para los flujos de ida como de regreso al país. De nuevo el porcentaje de hombres que respondieron afirmativamente prácticamente duplicaron las respuestas positivas de las que emitieron las mujeres. En cuanto a la edad de los entrevistados se da una fuerte concentración en

## ¿SABE USTED QUE EN EL AÑO 2000 SE REALIZARÁN ELECCIONES PARA PRESIDENTE DE MÉXICO?

|  | Destino | Procedencia |
|---|---|---|
| *Sexo* | | |
| Sí | 66.5 | 61.9 |
| Masculino | 59.9 | 65.4 |
| Femenino | 40.1 | 34.6 |
| Total | 100.0 | 100.0 |
| *Edad* | | |
| Sí | 66.5 | 61.9 |
| 18-23 | 4.9 | 2.1 |
| 24-29 | 10.5 | 13.5 |
| 30-35 | 21.8 | 28.2 |
| 36-41 | 22.1 | 17.4 |
| 42-47 | 9.9 | 14.7 |
| 48-53 | 20.9 | 13.6 |
| 53 y más | 9.9 | 10.3 |
| Total | 100.0 | 100.0 |
| *Escolaridad* | | |
| Sí | 66.5 | 61.9 |
| Ninguno | 6.6 | 3.8 |
| Primaria | 31.1 | 31.5 |
| Secundaria | 17.4 | 15.9 |
| Preparatoria | 10.7 | 13.7 |
| Técnico-prim. | 0.0 | 0.6 |
| Técnico-sec. | 1.3 | 2.1 |
| Normal | 1.0 | 1.3 |
| Profes./posg. | 24.3 | 21.0 |
| Elementary | 0.9 | 2.8 |
| High School | 2.2 | 3.1 |
| College | 4.3 | 4.1 |
| No responde | 0.1 | 0.1 |
| No especif. | 0.1 | 0.0 |
| Total | 100.0 | 100.0 |

el grupo de 24 a 29 años de los migrantes que retornaban al país con un 45.5 por ciento; pero también, como en el caso del conocimiento de los comicios, el grupo de 30 a 35 años resulta relevante.

Respecto a los niveles de escolaridad, los resultados son muy parecidos a los descritos líneas arriba. En el caso de los migrantes en tránsito hacia Estados Unidos, se da una fuerte concentración en quienes cuentan con la educación primaria (39 por ciento), que contrasta con el flujo de regreso del norte quienes sólo alcanzan el 17.1 por ciento. Donde sí hay una gran coincidencia en ambos flujos es, de nuevo, entre quienes dicen contar con una licenciatura o el posgrado, promediando ambos un 35 por ciento. Salvo en preparatoria, el resto de los niveles educativos resulta irrelevante.

### ¿VOTÓ USTED EN LAS ELECCIONES PARA PRESIDENTE DE MÉXICO EN 1994?

|  | *Destino* | *Procedencia* |
|---|---|---|
| *Sexo* | | |
| Sí | 12.6 | 12.1 |
| Masculino | 60.8 | 63.1 |
| Femenino | 39.2 | 36.9 |
| Total | 100.0 | 100.0 |
| *Edad* | | |
| Sí | 12.6 | 12.1 |
| 18-23 | 3.1 | 0.4 |
| 24-29 | 13.1 | 45.5 |
| 30-35 | 29.6 | 17.3 |
| 36-41 | 11.1 | 7.9 |
| 42-47 | 4.8 | 17.7 |
| 48-53 | 17.3 | 6.7 |
| 53 y más | 21.0 | 4.5 |
| Total | 100.0 | 100.0 |
| *Escolaridad* | | |
| Sí | 12.6 | 12.1 |
| Ninguno | 1.3 | 3.1 |
| Primaria | 39.0 | 17.1 |
| Secundaria | 6.3 | 8.8 |

(*Continuación*)

|  | Destino | Procedencia |
|---|---|---|
| Preparatoria | 14.7 | 11.1 |
| Técnico-prim. | 0.2 | 0.0 |
| Técnico-sec. | 0.7 | 0.6 |
| Normal | 0.0 | 1.5 |
| Profes./posg. | 36.7 | 34.6 |
| Elementary | 0.0 | 14.1 |
| High School | 0.7 | 0.0 |
| College | 0.0 | 9.2 |
| No responde | 0.4 | 0.0 |
| No especif. | 0.0 | 0.0 |
| Total | 100.0 | 100.0 |

## CREDENCIALES

EL TEMA de la credencialización es de suma importancia para saber si aparte de los conocimientos acerca del proceso electoral, existe la posibilidad real de participar en los comicios presidenciales del 2 de julio. Como podemos observar en el siguiente cuadro, el porcentaje de los migrantes en ambos flujos que posee la credencial electoral con fotografía es muy bajo. El promedio de posesión se sitúa en apenas un 21 por ciento, cifra que contrasta con los datos de intención del voto que veremos posteriormente. De nuevo serán los hombres quienes manifiestan en un porcentaje mayor contar con el documento; pero en este caso la diferencia con lo expresado por las mujeres no es significativa: apenas entre 1 y 4 por ciento. En relación con la edad de los que poseen la credencial, el rango mayoritario se sitúa entre los 24 a los 35 años: en ambos flujos estas edades representan aproximadamente el 52 por ciento. Por lo que hace a la escolaridad, el patrón de las respuestas anteriores se sigue manteniendo: la mayor concentración se advierte en los niveles de primaria y de los que estudiaron una carrera profesional o un posgrado.

## ¿TIENE CREDENCIAL ELECTORAL
## (FEDERAL) CON FOTOGRAFÍA?

|  | Destino | Procedencia |
|---|---|---|
| *Sexo* | | |
| Sí | 20.3 | 23.6 |
| Masculino | 52.2 | 50.7 |
| Femenino | 47.8 | 49.3 |
| Total | 100.0 | 100.0 |
| *Edad* | | |
| Sí | 20.3 | 23.6 |
| 18-23 | 3.2 | 7.8 |
| 24-29 | 11.3 | 26.9 |
| 30-35 | 40.8 | 26.7 |
| 36-41 | 14.2 | 8.5 |
| 42-47 | 8.6 | 15.6 |
| 48-53 | 4.2 | 6.0 |
| 53 y más | 17.7 | 8.4 |
| Total | 100.0 | 100.0 |
| *Escolaridad* | | |
| Sí | 20.3 | 23.6 |
| Ninguno | 0.8 | 2.4 |
| Primaria | 41.2 | 27.5 |
| Secundaria | 13.8 | 10.4 |
| Preparatoria | 9.9 | 19.3 |
| Técnico-prim. | 0.1 | 1.3 |
| Técnico-sec. | 4.8 | 0.3 |
| Normal | 0.0 | 1.4 |
| Profes./posg. | 18.7 | 25.3 |
| Elementary | 0.0 | 7.2 |
| High School | 9.7 | 0.0 |
| College | 0.6 | 4.7 |
| No responde | 0.3 | 0.0 |
| No especif. | 0.1 | 0.0 |
| Total | 100.0 | 100.0 |

Ante la pregunta de si tiene pensado llevar a cabo el trámite necesario para obtener la credencial en México, las respuestas se alinean con las del cuadro anterior; no sólo existe una baja credencialización, sino que la intención manifiesta de realizar los trámites es también baja. Existe una diferencia del 10 por ciento entre los migrantes que se dirigen hacia los Estados Unidos y quienes regresan; parece claro que entre quienes acaban de realizar una estancia en México existe mayor motivación por el proceso electoral y por contar con el instrumento electoral. Pero, insistimos, en general las respuestas afirmativas son pocas. En este rubro si resulta muy alta la diferencia entre géneros; en el caso de los migrantes en tránsito hacia Estados Unidos la diferencia a favor de los hombres es de 21.4 por ciento. Sin embargo, en el caso de quienes proceden del país vecino, la diferencia se incrementa radicalmente alcanzando un 54.6 por ciento. Por grupos de edad si bien de nuevo el rango entre 24 y 35 años sigue siendo muy significativo, un 20 por ciento se sitúa entre los 36 y 41 años de edad. Por lo que respecta a la escolaridad, el grupo de primaria sigue siendo importante y más entre los migrantes que retornan de Estados Unidos (39.2 por ciento); sin embargo, quienes afirman tener estudios de secundaria representan un porcentaje importante (20 por ciento). Llama la atención que en el grupo de los profesionistas y con estudios de posgrado, sólo son representativos los migrantes que se dirigían al país del norte con un 23.1 por ciento; mientras que los de procedencia apenas representaron un 9.9 por ciento.

## ¿PIENSA TRAMITAR ESA CREDENCIAL ELECTORAL EN MÉXICO?

|            | *Destino* | *Procedencia* |
|------------|-----------|---------------|
| *Sexo*     |           |               |
| Sí         | 37.8      | 27.7          |
| Masculino  | 60.7      | 77.3          |
| Femenino   | 39.3      | 22.7          |
| Total      | 100.0     | 100.0         |

|                | *Destino* | *Procedencia* |
|----------------|-----------|---------------|
| *Edad*         |           |               |
| Sí             | 37.8      | 27.7          |
| 18-23          | 6.7       | 5.9           |
| 24-29          | 22.9      | 12.2          |
| 30-35          | 15.7      | 28.2          |
| 36-41          | 20.8      | 23.5          |
| 42-47          | 12.3      | 6.2           |
| 48-53          | 11.9      | 14.8          |
| 53 y más       | 9.7       | 9.1           |
| Total          | 100.0     | 100.0         |
| *Escolaridad*  |           |               |
| Sí             | 37.8      | 27.7          |
| Ninguno        | 6.2       | 5.9           |
| Primaria       | 28.0      | 39.2          |
| Secundaria     | 20.2      | 20.5          |
| Preparatoria   | 9.9       | 13.1          |
| Técnico-prim.  | 0.0       | 0.2           |
| Técnico-sec.   | 2.4       | 2.9           |
| Normal         | 0.9       | 0.5           |
| Profes./posg.  | 23.1      | 9.9           |
| Elementary     | 4.8       | 0.0           |
| High School    | 2.5       | 5.3           |
| College        | 1.8       | 2.4           |
| No responde    | 0.1       | 0.1           |
| No especif.    | 0.1       | 0.0           |
| Total          | 100.0     | 100.0         |

## INTENCIÓN DE VOTO

CONTRASTAN notablemente los datos del cuadro con las cifras anteriores. Como podemos observar, encontramos una muy alta disposición de la población entrevistada a participar en los comicios presidenciales del año 2000. El 86.9 por ciento de los migrantes en tránsito hacia el norte y 75 por ciento de los que proceden respondieron afirmativamente. De nuevo serán los hombres quienes superen a las mujeres en sus respuestas positivas; aún así, llama la atención que en el caso de los migrantes que regresaban a nuestro país, los hombres doblaron a las mujeres: 68.6 y 31.4 por ciento, respectivamente. Con relación a los grupos de edad, no existen variaciones significativas entre quienes venían manifestándose anteriormente de manera afirmativa. De nuevo serán los dos grupos que se ubican entre los 20 y 41 años los que manifiestan una mayor intención de voto. Tampoco por lo que hace a la escolaridad existen cambios importantes; se siguen manteniendo a la cabeza quienes cuentan con escolaridad de primaria, seguidos por los de secundaria y en tercer lugar, aunque prácticamente empatados con los anteriores, los profesionistas o quienes cuentan con estudios de posgrado.

### ¿A USTED LE GUSTARÍA VOTAR EN LAS ELECCIONES PRESIDENCIALES MEXICANAS DEL AÑO 2000 SI SE ENCONTRARA EN ESTADOS UNIDOS?

|               | Destino | Procedencia |
|---------------|---------|-------------|
| *Sexo*        |         |             |
| Sí            | 86.9    | 75.0        |
| Masculino     | 56.9    | 68.6        |
| Femenino      | 43.1    | 31.4        |
| Total         | 100.0   | 100.0       |
| *Edad*        |         |             |
| Si            | 86.9    | 75.0        |
| 18-23         | 4.8     | 8.6         |
| 24-29         | 14.0    | 16.8        |
| 30-35         | 21.4    | 28.8        |
| 36-41         | 20.9    | 15.8        |
| 42-47         | 8.4     | 11.3        |
| 48-53         | 16.4    | 9.2         |
| 53 y más      | 14.1    | 9.5         |
| Total         | 100.0   | 100.0       |
| *Escolaridad* |         |             |
| Sí            | 86.9    | 75.0        |
| Ninguno       | 5.6     | 5.1         |
| Primaria      | 33.0    | 33.9        |

|                 | Destino | Procedencia |
|-----------------|---------|-------------|
| Secundaria      | 19.5    | 17.2        |
| Preparatoria    | 8.2     | 14.1        |
| Técnico-prim.   | 0.0     | 0.5         |
| Técnico-sec.    | 2.3     | 1.9         |
| Normal          | 0.8     | 1.0         |
| Profes./posg.   | 19.9    | 14.7        |
| Elementary      | 2.7     | 2.4         |
| High School     | 4.6     | 5.6         |
| College         | 3.2     | 3.5         |
| No responde     | 0.1     | 0.0         |
| No especif.     | 0.1     | 0.0         |
| Total           | 100.0   | 100.0       |

Por lo que hace a la disposición para invertir tiempo en ir a votar, consideramos que los datos permiten afirmar que a pesar de la alta intención de sufragar, los tiempos señalados son mínimos. El mayor porcentaje se sitúa en una hora (18.8 por ciento) para los migrantes en tránsito a Estados Unidos y 18.2 por ciento los de procedencia, mientras quienes manifestaron que estarían en disposición de invertir el tiempo requerido sólo alcanzan un 9.8 y 8.7 por ciento, respectivamente. Es decir, solamente un 10 por ciento de los entrevistados está plenamente dispuesto a invertir el tiempo que fuera necesario para lograr votar en las elecciones presidenciales. Por lo que hace a la variable sexo, en el caso de los migrantes que van al país vecino, tanto hombres como mujeres muestran una disposición muy semejante en invertir una hora; sin embargo, en términos del tiempo necesario los hombres prácticamente doblan el porcentaje femenino. En relación con los grupos de edad, los migrantes que se desplazaban hacia Estados Unidos mostraron un comportamiento de correspondencia con respecto a las respuestas anteriores: tanto en el caso de la respuesta de "una hora", como en la de "lo suficiente" los grupos de edad se concentraron entre los 30 y los 41 años; respecto a los migrantes que procedían del norte, los que respondieron una hora se sitúan entre los 30 y los 47 años. Mientras que para los que declararon "lo suficiente" el rango se amplía: entre los 36 y los 53 años. Por último, en relación con la escolaridad, se repite el comportamiento que muestran algunos de los cuadros anteriores: es en los estudios primarios donde los porcentajes son sensiblemente más altos, seguidos por quienes cuentan con estudios profesionales y con posgrado, aunque solamente arriba de quienes estudiaron el nivel más alto de la educación básica: la secundaria.

### ¿CUÁNTO TIEMPO ESTARÍA DISPUESTO A INVERTIR PARA IR A VOTAR?

|  | Destino | | Procedencia | |
|---|---|---|---|---|
|  | 1 hr | Lo suficiente | 1 hr | Lo suficiente |
| *Sexo* | | | | |
| Sí | 18.8 | 9.8 | 18.2 | 8.7 |
| Masculino | 58.0 | 64.6 | 63.1 | 74.6 |
| Femenino | 42.0 | 35.4 | 36.9 | 25.4 |
| Total | 100.0 | 100.0 | 100.0 | 100.0 |
| *Edad* | | | | |
| Sí | 18.8 | 9.8 | 18.2 | 8.7 |
| 18-23 | 2.4 | 11.6 | 16.3 | 0.3 |
| 24-29 | 21.9 | 10.3 | 15.1 | 3.1 |
| 30-35 | 30.7 | 24.2 | 17.9 | 12.2 |
| 36-41 | 19.7 | 22.5 | 17.4 | 31.1 |
| 42-47 | 9.4 | 9.9 | 17.9 | 18.6 |
| 48-53 | 4.1 | 10.8 | 9.8 | 20.8 |
| 53 y más | 11.8 | 10.7 | 5.6 | 13.8 |
| Total | 100.0 | 100.0 | 100.0 | 100.0 |
| *Escolaridad* | | | | |
| Sí | 18.8 | 9.8 | 18.2 | 8.7 |
| Ninguno | 6.7 | 3.7 | 12.6 | 1.5 |
| Primaria | 26.0 | 34.3 | 36.6 | 39.8 |
| Secundaria | 18.6 | 12.6 | 18.5 | 12.6 |
| Preparatoria | 8.4 | 10.1 | 17.0 | 7.8 |
| Técnico-prim. | 0.0 | 0.0 | 0.0 | 0.0 |
| Técnico-sec. | 2.1 | 5.8 | 0.2 | 0.3 |
| Normal | 0.0 | 3.7 | 0.8 | 0.0 |
| Profes./posg. | 26.1 | 12.4 | 10.8 | 37.6 |
| Elementary | 9.4 | 0.0 | 0.0 | 0.0 |
| High School | 0.4 | 13.1 | 1.8 | 0.0 |
| College | 2.3 | 4.3 | 1.5 | 0.0 |
| No responde | 0.0 | 0.0 | 0.0 | 0.0 |
| No especif. | 0.1 | 0.0 | 0.0 | 0.3 |
| Total | 100.0 | 100.0 | 100.0 | 100.0 |

Por lo que hace a la disposición a viajar para ir a depositar su voto, existe una enorme coincidencia en ambos flujos por considerar como mejor opción a los consulados. Entre los migrantes que se dirigen hacia Estados Unidos el porcentaje se sitúa en un 81.6 por ciento, mientras que los que procedían es de un 68.5 por ciento. Le siguen: desplazarse a otro condado, a alguna ciudad de la frontera norte y a otra ciudad del país. Es evidente que los entrevistados prefieren, al parecer, desplazarse lo más cerca posible y sobre todo al interior de Estados Unidos; ello a pesar de que la ubicación de los consulados no es la mejor. Solamente existen 42 consulados a todo lo largo de la Unión Americana. No parecen muy dispuestos a emprender un viaje fuera del territorio norteamericano. Por lo que respecta a la actitud por sexo, es interesante hacer notar que en el caso de los migrantes con destino al exterior, la respuesta de disposición a trasladarse al consulado más cercano, las diferencias son mínimas, aunque aumentan hasta prácticamente duplicarse al considerar otras opciones. Sin embargo, cuando responden los migrantes que llegaban a México la proporción aumenta a tres o cuatro veces la predominancia de los hombres respecto a las mujeres. Por grupos de edad, quienes concentraron mayor número de respuestas positivas fueron aquellos que tenían entre 30 y 41 años de edad para los casos de las opciones de consulado más cercano, otro condado y otra ciudad; sin embargo, la respuesta de ciudad fronteriza fue la mejor opción para quien tenía mayor edad, es decir, entre los migrantes que declararon tener entre 48 y más años. Curiosamente entre los migrantes que procedían de Estados Unidos la mayor concentración se da entre grupos de edad más jóvenes: de 24 a 35 años y máximo hasta los 41 años. En cuanto a la variable escolaridad, en el caso de los migrantes de destino, la mayoría de los que se inclinaron por el consulado más cercano, otro condado y otra ciudad contaban, en ese orden, con estudios de primaria, profesional y secundaria; solamente los que se manifestaron por alguna ciudad de la frontera habían cursado la primaria, en segundo lugar la secundaria y en tercero profesional o posgrado. Ese es el mismo orden que se da entre los migrantes que procedían del país vecino: los tres niveles de escolaridad en donde se concentran las respuestas son: primaria, secundaria y profesional o posgrado.

## ¿A CUÁL DE LOS SIGUIENTES LUGARES ESTARÍA DISPUESTO A TRASLADARSE PARA VOTAR?

| | Destino | | | | Procedencia | | | |
|---|---|---|---|---|---|---|---|---|
| | Consulado cercano | Otro condado | Otra ciudad | Ciudad frontera | Consulado cercano | Otro condado | Otra ciudad | Ciudad frontera |
| *Sexo* | | | | | | | | |
| Sí | 81.6 | 14.6 | 12.5 | 13.7 | 68.5 | 15.5 | 11.9 | 15.8 |
| Masculino | 57.0 | 66.9 | 62.1 | 62.4 | 70.4 | 72.8 | 85.9 | 72.2 |
| Femenino | 43.0 | 33.1 | 37.9 | 37.6 | 29.6 | 27.2 | 14.1 | 27.8 |
| Total | 100.0 | 100.0 | 100.0 | 100.0 | 100.0 | 100.0 | 100.0 | 100.0 |
| *Edad* | | | | | | | | |
| Sí | 81.6 | 14.6 | 12.5 | 13.7 | 68.5 | 15.5 | 11.9 | 15.8 |
| 18-23 | 4.8 | 9.6 | 9.6 | .8 | 7.2 | 5.5 | 3.6 | 10.9 |
| 24-29 | 14.2 | 9.2 | 8.0 | 7.6 | 17.9 | 22.0 | 25.4 | 21.9 |
| 30-35 | 21.9 | 18.8 | 18.5 | 14.4 | 27.3 | 36.0 | 32.6 | 29.3 |
| 36-41 | 21.3 | 19.6 | 27.7 | 15.7 | 15.8 | 20.5 | 19.4 | 17.3 |
| 42-47 | 8.4 | 10.8 | 9.4 | 8.6 | 11.4 | 6.2 | 8.6 | 13.4 |
| 48-53 | 17.2 | 17.6 | 13.1 | 26.8 | 10.0 | 6.2 | 6.6 | 5.5 |
| 53 y más | 12.2 | 14.4 | 13.7 | 26.2 | 9.0 | 3.7 | 3.7 | 1.8 |
| Total | 100.0 | 100.0 | 100.0 | 100.0 | 100.0 | 100.0 | 100.0 | 100.0 |
| *Escolaridad* | | | | | | | | |
| Sí | 81.6 | 14.6 | 12.5 | 13.7 | 68.5 | 15.5 | 11.9 | 15.8 |
| Ninguno | 5.9 | 1.5 | 1.5 | 4.3 | 5.6 | 5.6 | 5.2 | 3.6 |
| Primaria | 30.6 | 44.3 | 45.0 | 49.0 | 33.3 | 53.3 | 56.3 | 36.7 |
| Secundaria | 19.8 | 15.1 | 13.9 | 14.9 | 18.0 | 14.1 | 13.2 | 12.0 |
| Preparatoria | 8.4 | 15.2 | 7.3 | 6.5 | 14.0 | 9.5 | 8.7 | 23.4 |
| Técnico-prim. | 0.0 | 0.0 | 0.0 | 0.0 | 0.5 | 2.4 | 0.4 | 0.0 |
| Técnico-sec. | 2.4 | 0.7 | 0.9 | 0.7 | 2.0 | 0.4 | 0.6 | 0.0 |
| Normal | 0.8 | 2.6 | 0.4 | 3.6 | 1.1 | 2.2 | 2.5 | 0.4 |
| Profes./posg. | 20.8 | 17.1 | 28.1 | 12.2 | 15.9 | 4.8 | 8.3 | 10.5 |
| Elementary | 2.9 | 0.3 | 0.4 | 0.4 | 2.7 | 0.0 | 0.0 | 0.0 |
| High School | 4.8 | 2.0 | 1.3 | 0.4 | 3.5 | 4.6 | 0.8 | 10.5 |
| College | 3.5 | 0.7 | 0.8 | 7.6 | 3.4 | 2.9 | 3.7 | 2.7 |
| No responde | 0.1 | 0.3 | 0.4 | 0.3 | 0.0 | 0.2 | 0.0 | 0.2 |
| No especif. | 0.0 | 0.0 | 0.0 | 0.0 | 0.1 | 0.0 | 0.3 | 0.0 |
| Total | 100.0 | 100.0 | 100.0 | 100.0 | 100.0 | 100.0 | 100.0 | 100.0 |

## Registro en Estados Unidos

Así como la intención del voto es alta, también lo es la disposición para registrarse en un padrón electoral de mexicanos en Estados Unidos. Más del 84 por ciento de los entrevistados que se dirigía al norte afirmó estar dispuesto al registro, mientras que en el caso de los que procedían de aquel país el porcentaje desciende ligeramente al situarse en un 73.7 por ciento. Nuevamente son los hombres los que aparecen con mayores porcentajes, aunque en el caso de los que proceden de Estados Unidos duplican a las mujeres. Por grupos de edad, en ambos flujos predominan en sus respuestas afirmativas quienes cuentan con 30 a 41 años. En cuanto a la escolaridad, siguen predominando quienes cursaron la escuela primaria, seguidos por los que obtuvieron la secundaria, pero seguidos muy de cerca por los profesionistas o con estudios de posgrado.

### ¿ESTARÍA DISPUESTO A REGISTRARSE EN UN PADRÓN ELECTORAL DE MEXICANOS EN ESTADOS UNIDOS?

|             | Destino | Procedencia |
|-------------|---------|-------------|
| *Sexo*      |         |             |
| Sí          | 84.2    | 73.7        |
| Masculino   | 56.9    | 68.4        |
| Femenino    | 43.1    | 31.6        |
| Total       | 100.0   | 100.0       |
| *Edad*      |         |             |
| Sí          | 84.2    | 73.7        |
| 18-23       | 4.8     | 8.1         |
| 24-29       | 13.8    | 16.7        |
| 30-35       | 21.8    | 28.9        |
| 36-41       | 21.2    | 16.1        |
| 42-47       | 8.3     | 11.2        |
| 48-53       | 16.9    | 9.4         |
| 53 y más    | 13.2    | 9.6         |
| Total       | 100.0   | 100.0       |

(*Continuación*)

| | Destino | Procedencia |
|---|---|---|
| *Escolaridad* | | |
| Sí | 84.2 | 73.7 |
| Ninguno | 5.7 | 5.0 |
| Primaria | 32.2 | 34.0 |
| Secundaria | 20.0 | 17.2 |
| Preparatoria | 7.9 | 13.9 |
| Técnico-prim. | 0.0 | 0.4 |
| Técnico-sec. | 2.2 | 1.9 |
| Normal | 0.8 | 0.9 |
| Profes./posg. | 20.2 | 14.9 |
| Elementary | 2.8 | 2.5 |
| High School | 4.7 | 5.7 |
| College | 3.3 | 3.4 |
| No responde | 0.1 | 0.1 |
| No especif. | 0.0 | 0.0 |
| Total | 100.0 | 100.0 |

Como sucedió con la disposición a ir a votar, el tiempo que estarían contemplando para ir a registrarse es sumamente reducido; apenas un 8.7 por ciento declaró estar dispuesto a invertir el tiempo necesario. Pero además, la opción de una hora fue del 17.5 por ciento y 19 por ciento en ambos flujos, lo cual significa que cerca del 75 por ciento de los migrantes entrevistados sólo invertiría menos de una hora o nada de tiempo para registrarse. En cuanto al género de los mayormente dispuestos, de nuevo destacan los hombres, pero en el caso de las personas en retorno la preeminencia sobre las mujeres aumenta considerablemente; por ejemplo entre quienes declararon una disposición de tiempo "suficiente", las mujeres sólo alcanzan una tercera parte. Ahora bien, la edad de los que muestran mayor disposición para invertir su tiempo en registrarse, se sitúa entre los 24 y los 41 años para quienes viajaban a Estados Unidos y es un poco mayor para los que llegaban a México. En este caso, el rango puede establecerse entre los 30 y los 53 años. Por último en relación con la escolaridad de los entrevistados, se repite el patrón anterior: mayoritariamente estudiaron la primaria, seguidos por quienes cursaron la secundaria; sin embargo, los profesionistas destacan con altos porcentajes sobre todo entre los migrantes que retornaban y contestaron "lo suficiente".

## ¿CUÁNTO TIEMPO ESTARÍA DISPUESTO A INVERTIR PARA IR A REGISTRARSE EN ESE PADRÓN ELECTORAL?

|  | Destino | | Procedencia | |
| --- | --- | --- | --- | --- |
|  | 1 hr | Lo suficiente | 1 hr | Lo suficiente |
| *Sexo* | | | | |
| Sí | 17.5 | 8.7 | 19.0 | 8.6 |
| Masculino | 59.1 | 67.6 | 64.9 | 74.5 |
| Femenino | 40.9 | 32.4 | 35.1 | 25.5 |
| Total | 100.0 | 100.0 | 100.0 | 100.0 |
| *Edad* | | | | |
| Sí | 17.5 | 8.7 | 19.0 | 8.6 |
| 18-23 | 3.6 | 13.1 | 12.1 | 0.0 |
| 24-29 | 26.1 | 11.0 | 13.9 | 2.9 |
| 30-35 | 28.5 | 26.1 | 17.4 | 12.2 |
| 36-41 | 19.8 | 25.3 | 17.0 | 31.6 |
| 42-47 | 8.7 | 11.2 | 17.3 | 18.6 |
| 48-53 | 5.5 | 10.5 | 17.0 | 20.9 |
| 53 y más | 7.9 | 2.9 | 5.3 | 13.8 |
| Total | 100.0 | 100.0 | 100.0 | 100.0 |
| *Escolaridad* | | | | |
| Sí | 17.5 | 8.7 | 19.0 | 8.6 |
| Ninguno | 8.1 | 4.2 | 11.6 | 1.5 |
| Primaria | 19.9 | 28.0 | 39.7 | 39.9 |
| Secundaria | 21.3 | 13.8 | 16.9 | 13.0 |
| Preparatoria | 10.5 | 10.8 | 14.4 | 7.3 |
| Técnico-prim. | 0.0 | 0.0 | 0.0 | 0.0 |
| Técnico-sec. | 2.3 | 5.5 | 4.1 | 0.3 |
| Normal | 0.0 | 4.1 | 1.2 | 0.0 |
| Profes./posg. | 23.0 | 13.9 | 10.5 | 37.7 |
| Elementary | 10.1 | 0.0 | 0.0 | 0.0 |
| High School | 0.3 | 14.8 | 0.1 | 0.0 |
| College | 4.5 | 4.9 | 1.4 | 0.0 |
| No responde | 0.0 | 0.0 | 0.0 | 0.3 |
| No especif. | 0.0 | 0.0 | 0.0 | 0.0 |
| Total | 100.0 | 100.0 | 100.0 | 100.0 |

Como sucedió con el traslado para ir a votar, los entrevistados manifestaron una muy alta disposición de acudir al consulado
más cercano a registrarse en un padrón electoral; sin embargo, las
otras opciones que se les plantearon recibieron porcentajes bajos
en ambos flujos de migrantes. En el caso de quienes llegaban a nuestro
país, quizás debido a su reciente experiencia de trato con autoridades mexicanas en Estados Unidos, bajaron en 10 puntos porcentuales su respuesta afirmativa en el caso de los consulados e incre-
mentaron ligeramente las otras opciones. De nuevo, son los hombres
quienes mayoritariamente optaron por algún destino para,
eventualmente, proceder a su registro; sin embargo, conviene hacer
notar que las mujeres que regresaban al país mostraron más reser-
vas para manifestarse afirmativamente: las diferencias en las pro-
porciones entre uno y otro flujo son notables. Respecto a los grupos
de edad, de nuevo son muy consistentes los resultados que se concentran entre los 30 y los 41 años de edad; en el caso de los migrantes
que se dirigían hacia Estados Unidos, tanto en la respuesta de otra
ciudad como de alguna ciudad de frontera aumentaron de manera importante los porcentajes. Por otro lado, en quienes procedían
del país vecino también resultó con porcentajes importantes el
grupo de 24 a 29 años. Por último, en relación con la variable de
escolaridad, los migrantes con primaria sobresalen en primer
lugar, seguidos de quienes cursaron la secundaria. Sin embargo,
aunque entre la población que se dirigía al norte de nuevo aparecen como muy relevantes los profesionistas y quienes cuentan con
estudios de posgrado, salvo en la respuesta de "consulado", en el
resto de los migrantes de procedencia este nivel escolar no tiene
representatividad.

La otra opción sobre la que se les interrogó a los migrantes
fue en torno a la posibilidad de obtener una credencial de identificación que sirviera para sufragar. Como ha venido sucediendo,
es muy alto el porcentaje de los que manifiestan su disposición
para realizar los trámites necesarios: 82 y 71.4 por ciento en
ambos flujos. De nuevo son los hombres quienes se manifiestan
más decididos; en el caso de los migrantes que retornaban al país
el porcentaje se duplica. Por grupos de edad, siguen concentrándose

## ¿A CUÁL DE LOS SIGUIENTES LUGARES ESTARÍA DISPUESTO A TRASLADARSE PARA REGISTRARSE?

|  | Destino | | | | Procedencia | | | |
|---|---|---|---|---|---|---|---|---|
|  | Consulado cercano | Otro condado | Otra ciudad | Ciudad frontera | Consulado cercano | Otro condado | Otra ciudad | Ciudad frontera |
| **Sexo** | | | | | | | | |
| Sí | 78.2 | 13.9 | 13.1 | 13.7 | 68.7 | 16.6 | 12.5 | 16.5 |
| Masculino | 57.9 | 67.8 | 65.9 | 55.2 | 70.8 | 74.8 | 87.8 | 73.7 |
| Femenino | 42.1 | 32.2 | 34.1 | 44.8 | 29.2 | 25.2 | 12.2 | 26.3 |
| Total | 100.0 | 100.0 | 100.0 | 100.0 | 100.0 | 100.0 | 100.0 | 100.0 |
| **Edad** | | | | | | | | |
| Sí | 72.8 | 13.9 | 13.1 | 13.7 | 68.7 | 16.6 | 12.5 | 16.5 |
| 18-23 | 5.0 | 10.1 | 9.0 | 1.0 | 8.5 | 5.0 | 3.1 | 10.4 |
| 24-29 | 14.1 | 8.0 | 6.7 | 6.0 | 17.4 | 19.9 | 22.7 | 17.2 |
| 30-35 | 20.6 | 19.6 | 17.4 | 21.8 | 26.9 | 35.3 | 28.4 | 31.3 |
| 36-41 | 21.9 | 18.9 | 25.1 | 15.8 | 15.7 | 19.6 | 18.5 | 16.0 |
| 42-47 | 8.4 | 11.2 | 9.1 | 8.4 | 11.1 | 5.1 | 7.8 | 12.4 |
| 48-53 | 17.9 | 17.6 | 19.6 | 26.0 | 10.0 | 12.0 | 14.9 | 11.4 |
| 53 y más | 12.1 | 14.6 | 13.1 | 21.0 | 10.3 | 3.2 | 4.7 | 1.2 |
| Total | 100.0 | 100.0 | 100.0 | 100.0 | 100.0 | 100.0 | 100.0 | 100.0 |
| **Escolaridad** | | | | | | | | |
| Sí | 78.2 | 13.9 | 13.1 | 13.7 | 68.7 | 16.6 | 12.5 | 16.5 |
| Ninguno | 6.1 | 1.1 | 1.5 | 3.9 | 5.4 | 4.9 | 4.6 | 3.1 |
| Primaria | 30.5 | 45.0 | 40.9 | 44.0 | 32.8 | 55.8 | 63.6 | 41.3 |
| Secundaria | 20.4 | 14.6 | 13.2 | 14.5 | 17.6 | 13.0 | 11.7 | 10.3 |
| Preparatoria | 8.2 | 15.7 | 13.8 | 6.2 | 13.4 | 8.4 | 8.3 | 22.1 |
| Técnico-prim. | 0.0 | 0.0 | 0.0 | 0.0 | 0.5 | 1.9 | 0.0 | 0.0 |
| Técnico-sec. | 2.4 | 0.8 | 0.8 | 0.7 | 2.0 | 3.9 | 0.6 | 3.5 |
| Normal | 0.9 | 2.8 | 0.3 | 2.5 | 0.9 | 2.1 | 2.4 | 0.4 |
| Profes./posg. | 19.8 | 16.5 | 26.8 | 19.3 | 15.8 | 3.1 | 6.1 | 6.8 |
| Elementary | 3.0 | 0.4 | 0.4 | 0.4 | 2.7 | 0.0 | 0.0 | 0.0 |
| High School | 4.9 | 2.1 | 1.1 | 0.4 | 5.4 | 4.0 | 0.5 | 9.8 |
| College | 3.6 | 0.7 | 0.8 | 7.7 | 3.4 | 2.7 | 2.0 | 2.6 |
| No responde | 0.1 | 0.3 | 0.4 | 0.4 | 0.0 | 0.2 | 0.0 | 0.2 |
| No especif. | 0.1 | 0.0 | 0.0 | 0.0 | 0.1 | 0.0 | 0.3 | 0.0 |
| Total | 100.0 | 100.0 | 100.0 | 100.0 | 100.0 | 100.0 | 100.0 | 100.00 |

las respuestas positivas entre los adultos jóvenes en el rango de
30 a 41 años, aunque en el caso de quienes retornaban el grupo
de 24 a 29 años también es representativo. Por lo que hace a la escolaridad el patrón es muy recurrente: las respuestas afirmativas se
concentran básicamente en tres grupos. En primer lugar, quienes
cuentan con los estudios de primaria; en segundo, secundaria y
en tercero los profesionistas o quienes cuentan con posgrado.

¿ESTARÍA DISPUESTO A REALIZAR LOS
TRÁMITES NECESARIOS PARA OBTENER
UNA CREDENCIAL DE IDENTIFICACIÓN?

|  | Destino | Procedencia |
|---|---|---|
| *Sexo* | | |
| Sí | 82.0 | 71.4 |
| Masculino | 57.9 | 68.3 |
| Femenino | 42.1 | 31.7 |
| Total | 100.0 | 100.0 |
| *Edad* | | |
| Sí | 82.0 | 71.4 |
| 18-23 | 4.9 | 7.4 |
| 24-29 | 14.0 | 16.4 |
| 30-35 | 21.3 | 29.6 |
| 36-41 | 20.5 | 16.4 |
| 42-47 | 8.5 | 11.6 |
| 48-53 | 17.3 | 9.3 |
| 53 y más | 13.5 | 9.2 |
| Total | 100.0 | 100.0 |
| *Escolaridad* | | |
| Sí | 82.0 | 71.4 |
| Ninguno | 5.0 | 5.2 |
| Primaria | 32.4 | 32.3 |
| Secundaria | 20.5 | 17.7 |
| Preparatoria | 8.1 | 14.3 |
| Técnico-prim. | 0.0 | 0.4 |
| Técnico-sec. | 2.4 | 2.0 |
| Normal | 0.8 | 0.9 |
| Profes./posg. | 19.6 | 15.1 |
| Elementary | 2.9 | 2.6 |
| High school | 4.8 | 5.9 |
| College | 3.4 | 3.6 |
| No responde | 0.1 | 0.0 |
| No especif. | 0.0 | 0.1 |
| Total | 100.0 | 100.0 |

Por lo que respecta a su disposición de tiempo para invertir en tramitar la credencial, de nuevo se presenta el marcado contraste entre el deseo de contar con un documento que permita participar en los comicios y lo que se está en disposición de hacer e invertir para conseguirlo. Solamente un 25 por ciento declaró querer invertir entre una hora y el tiempo "suficiente"; tanto entre los migrantes que se dirigían a Estados Unidos como los que regresaban la respuesta de una hora fue de entre 18.2 y 19 por ciento. Los que declararon "lo suficiente" fueron menos del 10 por ciento. Por sexo, el comportamiento es muy homogéneo: las respuestas afirmativas fueron prácticamente del doble entre los hombres. Ahora bien, respecto a los grupos de edad son más jóvenes quienes manifestaron su disposición a invertir una hora en el flujo de salida: entre 24 y 35 años. En dicho flujo los que optaron por el tiempo suficiente van de los 30 a los 41 años. Las respuestas positivas de quienes optaron por una hora, entre los que llegaban del norte, se situaron en los grupos de los 30 a los 47 años; sin embargo los que declararon "lo suficiente" fueron de rangos de edad más altos: entre 36 y 53 años. Por último, en relación con la escolaridad los comportamientos de las respuestas son más heterogéneas. Sigue concentrándose en todos los casos en la escuela primaria el grupo mayoritario, pero los segundos y terceros lugares varían de manera significativa. En el caso de las respuestas de los migrantes en tránsito hacia Estados Unidos quienes optaron por una hora se ubicaron en segundo lugar los profesionistas, seguidos por quienes cuentan con la secundaria; sin embargo, quienes manifestaron que "lo suficiente", ocuparon el segundo lugar quienes estudiaron *high school* y en tercero secundaria. Entre los migrantes que retornaban a México, el segundo lugar en la respuesta de una hora fue para quienes estudiaron la secundaria, mientras que en tercero se sitúa el grupo de quienes no cuentan con estudios. En la respuesta de "lo suficiente" se dio una excepción, pues en el primer lugar se ubicó el grupo con estudios profesionales o de posgrado, mientras que el segundo correspondió a quienes contaban con primaria y en tercero con preparatoria.

## ¿CUÁNTO TIEMPO ESTARÍA DISPUESTO
## A INVERTIR PARA TRAMITAR ESA CREDENCIAL
## DE IDENTIFICACIÓN?

| | Destino | | Procedencia | |
|---|---|---|---|---|
| | 1 hr | Lo suficiente | 1 hr | Lo suficiente |
| *Sexo* | | | | |
| Sí | 19.0 | 9.2 | 18.2 | 8.8 |
| Masculino | 64.6 | 67.4 | 65.6 | 68.0 |
| Femenino | 35.4 | 32.6 | 34.4 | 32.0 |
| Total | 100.0 | 100.0 | 100.0 | 100.0 |
| *Edad* | | | | |
| Sí | 19.0 | 9.2 | 18.2 | 8.8 |
| 18-23 | 3.3 | 12.4 | 10.9 | 0.0 |
| 24-29 | 23.8 | 10.4 | 12.0 | 10.2 |
| 30-35 | 26.5 | 24.7 | 18.2 | 12.0 |
| 36-41 | 19.4 | 23.9 | 17.2 | 30.6 |
| 42-47 | 8.3 | 8.8 | 17.8 | 18.3 |
| 48-53 | 5.0 | 9.1 | 16.6 | 20.5 |
| 53 y más | 13.7 | 10.7 | 7.3 | 8.5 |
| Total | 100.0 | 100.0 | 100.0 | 100.0 |
| *Escolaridad* | | | | |
| Sí | 19.0 | 9.2 | 18.2 | 8.8 |
| Ninguno | 4.0 | 4.0 | 12.2 | 1.5 |
| Primaria | 24.5 | 34.5 | 35.3 | 34.0 |
| Secundaria | 20.3 | 12.5 | 17.3 | 12.4 |
| Preparatoria | 9.5 | 10.2 | 15.3 | 14.5 |
| Técnico-prim. | 0.0 | 0.0 | 0.0 | 0.0 |
| Técnico-sec. | 2.1 | 5.2 | 4.3 | 0.3 |
| Normal | 0.0 | 3.9 | 1.3 | 0.0 |
| Profes./posg. | 25.9 | 11.1 | 11.0 | 37.0 |
| Elementary | 9.3 | 0.0 | 0.0 | 0.0 |
| High school | 0.3 | 14.0 | 1.8 | 0.0 |
| College | 4.2 | 4.6 | 1.5 | 0.0 |
| No responde | 0.0 | 0.0 | 0.0 | 0.3 |
| No especif. | 0.1 | 0.0 | 0.0 | 0.0 |
| Total | 100.0 | 100.0 | 100.0 | 100.0 |

Por lo que hace a la disposición para trasladarse a diferentes lugares para llevar a cabo los trámites para obtener la credencial de identificación, de nuevo la opción abrumadoramente mayoritaria es al consulado más cercano (78.2 y 65.7 por ciento, en los dos flujos migratorios). Por sexo, de nuevo se da una preeminencia de los hombres, pero entre quienes regresaban a nuestro país, las diferencias son muy marcadas, llegándose en un caso a cuadruplicar. Respecto a la edad, de nuevo el comportamiento se homogeneiza entre los de 30 a 41 años. Por último, de nuevo quienes sólo cuentan con estudios de primaria ocupan el primer lugar de quienes se manifestaron por alguna de las cuatro opciones, esto en ambos flujos. En el caso de quienes se dirigían a Estados Unidos los profesionistas también ocupan un lugar destacado (segundo o tercer lugar); sin embargo entre quienes regresaban al país, salvo en la respuesta de "consulado", en las otras respuestas se destacó como tercer grupo aquellos que contaban con los estudios de preparatoria.

### ¿A CUÁL DE LOS SIGUIENTES LUGARES ESTARÍA DISPUESTO A TRASLADARSE PARA TRAMITAR LA CREDENCIAL?

|  | Destino | | | | Procedencia | | | |
|---|---|---|---|---|---|---|---|---|
|  | Consulado cercano | Otro condado | Otra ciudad | Ciudad frontera | Consulado cercano | Otro condado | Otra ciudad | Ciudad frontera |
| *Sexo* | | | | | | | | |
| Sí | 78.2 | 12.6 | 12.4 | 11.7 | 65.7 | 14.7 | 10.9 | 15.1 |
| Masculino | 57.7 | 64.7 | 64.2 | 65.0 | 70.5 | 71.5 | 86.1 | 71.1 |
| Femenino | 42.3 | 35.3 | 35.8 | 35.0 | 29.5 | 28.5 | 13.9 | 28.9 |
| Total | 100.0 | 100.0 | 100.0 | 100.0 | 100.0 | 100.0 | 100.0 | 100.0 |
| *Edad* | | | | | | | | |
| Sí | 78.2 | 12.6 | 12.4 | 11.7 | 65.7 | 14.7 | 10.9 | 15.1 |
| 18-23 | 4.9 | 11.1 | 9.4 | 1.1 | 7.9 | 5.6 | 3.5 | 11.3 |
| 24-29 | 13.8 | 8.9 | 7.0 | 6.8 | 16.6 | 22.4 | 25.7 | 22.3 |
| 30-35 | 20.8 | 21.3 | 18.1 | 14.3 | 27.5 | 35.1 | 31.0 | 29.3 |
| 36-41 | 20.9 | 18.2 | 21.5 | 18.2 | 16.3 | 21.1 | 19.8 | 18.0 |
| 42-47 | 8.4 | 12.4 | 9.6 | 10.2 | 11.6 | 5.8 | 8.9 | 13.5 |
| 48-53 | 17.9 | 11.8 | 20.5 | 31.4 | 10.1 | 6.5 | 7.5 | 3.9 |

## (Continuación)

| | Destino | | | | Procedencia | | | |
|---|---|---|---|---|---|---|---|---|
| | Consulado cercano | Otro condado | Otra ciudad | Ciudad frontera | Consulado cercano | Otro condado | Otra ciudad | Ciudad frontera |
| 53 y más | 13.3 | 16.3 | 13.8 | 18.0 | 10.0 | 3.6 | 3.6 | 1.6 |
| Total | 100.0 | 100.0 | 100.0 | 100.0 | 100.0 | 100.0 | 100.0 | 100.0 |
| *Escolaridad* | | | | | | | | |
| Sí | 78.2 | 12.6 | 12.4 | 11.7 | 65.7 | 14.7 | 10.9 | 15.1 |
| Ninguno | 5.2 | 1.2 | 1.6 | 4.6 | 5.7 | 5.5 | 5.3 | 3.6 |
| Primaria | 31.3 | 46.7 | 42.9 | 44.3 | 31.2 | 55.0 | 60.2 | 34.5 |
| Secundaria | 20.4 | 16.2 | 13.9 | 17.0 | 18.4 | 14.4 | 13.4 | 12.5 |
| Preparatoria | 8.1 | 10.0 | 14.4 | 6.5 | 13.2 | 9.8 | 9.1 | 24.0 |
| Técnico-prim. | 0.0 | 0.0 | 0.0 | 0.0 | 0.5 | 2.2 | 0.0 | 0.0 |
| Técnico-sec. | 2.4 | 0.9 | 0.9 | 0.8 | 2.0 | 0.8 | 0.6 | 0.3 |
| Normal | 0.9 | 3.1 | 0.4 | 3.2 | 1.0 | 2.3 | 2.8 | 0.4 |
| Profes./posg. | 20.1 | 18.1 | 23.1 | 13.2 | 15.9 | 2.3 | 5.4 | 11.0 |
| Elementary | 3.1 | 0.4 | 0.4 | 0.4 | 2.8 | 0.0 | 0.0 | 0.0 |
| High School | 4.9 | 2.3 | 1.2 | 0.5 | 5.7 | 4.5 | 0.5 | 10.7 |
| College | 3.6 | 0.8 | 0.8 | 9.0 | 3.5 | 3.1 | 2.3 | 2.8 |
| No responde | 0.1 | 0.4 | 0.4 | 0.4 | 0.1 | 0.2 | 0.0 | 0.2 |
| No especif. | 0.0 | 0.0 | 0.0 | 0.0 | 0.0 | 0.0 | 0.3 | 0.0 |
| Total | 100.0 | 100.0 | 100.0 | 100.0 | 100.0 | 100.0 | 100.0 | 100.0 |

## VOTO MODERNO

UNA PREGUNTA sumamente interesante fue la referente a la modalidad del voto por medio del servicio postal. Evidentemente para los ciudadanos que vivimos en México suena a esoterismo, pero no para un residente de Estados Unidos; por ello no sorprenden los resultados de la encuesta. Sin ser apabullante, los migrantes se manifiestan mayoritariamente por esta modalidad del voto a la distancia. Un 63 por ciento de ambos flujos se manifestó a favor de esta vía electoral. Llama la atención que las mujeres que regresaban se mostraran más escépticas que las que apenas se dirigían al norte. En cuanto a la edad de quienes manifestaron una respuesta favorable, en ambos flujos se da una marcada concentración en los dos grupos que se sitúan entre los 30 y los 41 años, sin embargo, el tercer grupo difiere en ambos flujos. Así, entre quienes iban al norte hay una respuesta favorable entre el grupo de mayor edad –53 y más–; pero entre los que regresaban el tercer grupo es el de 24 a 29 años. Por último, en cuanto a la variable de escolaridad, de nuevo son tres los grupos en que se concentran las respuestas afirmativas: con estudios de primaria, de secundaria y profesionistas o con posgrado.

### ¿PIENSA USTED QUE SE PODRÍA VOTAR POR CORREO DESDE ESTADOS UNIDOS PARA ELEGIR PRESIDENTE DE MÉXICO EN EL AÑO 2000?

|                | Destino | Procedencia |
|----------------|---------|-------------|
| *Sexo*         |         |             |
| Sí             | 63.0    | 63.0        |
| Masculino      | 55.2    | 67.3        |
| Femenino       | 44.8    | 32.7        |
| Total          | 100.0   | 100.0       |
| *Edad*         |         |             |
| Sí             | 63.0    | 63.0        |
| 18-23          | 4.4     | 5.8         |
| 24-29          | 13.2    | 16.5        |
| 30-35          | 22.3    | 24.1        |
| 36-41          | 22.1    | 16.0        |
| 42-47          | 8.4     | 13.3        |
| 48-53          | 13.2    | 10.8        |
| 53 y más       | 16.3    | 13.5        |
| Total          | 100.0   | 100.0       |
| *Escolaridad*  |         |             |
| Sí             | 63.0    | 63.0        |
| Ninguno        | 4.2     | 5.7         |
| Primaria       | 35.4    | 37.7        |
| Secundaria     | 16.9    | 17.7        |
| Preparatoria   | 9.8     | 11.7        |
| Técnico-prim.  | 0.0     | 0.5         |
| Técnico-sec.   | 1.0     | 2.2         |
| Normal         | 0.5     | 1.1         |
| Profes./posg.  | 20.1    | 14.5        |
| Elementary     | 2.9     | 2.9         |
| High school    | 5.1     | 2.6         |

(*Continuación*)

|            | Destino | Procedencia |
|------------|---------|-------------|
| College    | 4.0     | 3.2         |
| No responde| 0.1     | 0.0         |
| No especif.| 0.0     | 0.1         |
| Total      | 100.0   | 100.0       |

## ¿MIEDO A LA *MIGRA*?

ADEMÁS DE representar uno de los emblemas característicos del fenómeno migratorio, la *migra* es uno de los factores más importantes de tensión entre la población de origen mexicano en Estados Unidos. La Border Patrol o Patrulla Fronteriza ha simbolizado el carácter violento de las autoridades norteamericanas frente a la indefensión del migrante. Por eso resultaba interesante la pregunta sobre la percepción de los entrevistados acerca del probable peligro que enfrentarían los indocumentados al momento de trasladarse para emitir su voto en las elecciones presidenciales. Sin embargo, las respuestas no denotan un temor extremo; en mucho se debe a que los entrevistados en su mayoría tenían una estancia legal en Estados Unidos. Así, apenas la mitad consideró que la población indocumentada enfrentaría problemas con la migra. Aquellos que se dirigían a Estados Unidos consideraron prácticamente por igual –hombres y mujeres– que tendrían problemas; sin embargo, en el flujo de procedencia la proporción de hombres a favor aumenta casi al doble respecto a las mujeres. Por grupos de edad, las respuestas son muy homogéneas, situándose en primer lugar el grupo de entre 30 y 35 años, seguido del de 48 a 53 años, y en tercer lugar, de 36 a 41 años. Por último, en términos de la variable escolaridad, de nuevo en ambos casos la mayor parte de las respuestas positivas se concentra en quienes cuentan con estudios de primaria. Entre los que iban hacia el norte, el segundo lugar lo ocupan los profesionistas y en tercero los que declararon tener la secundaria; mientras que en el caso del flujo de retorno, el segundo lugar corresponde a los que estudiaron la preparatoria y el tercero a quienes cuentan con la secundaria.

## ¿PIENSA USTED QUE LOS MEXICANOS QUE SE ENCUENTRAN EN ESTADOS UNIDOS SIN PAPELES PUEDAN TENER ALGÚN PROBLEMA CON LA MIGRA AL MOMENTO DE VOTAR?

|  | Destino | Procedencia |
|---|---|---|
| *Sexo* | | |
| Sí | 48.0 | 50.4 |
| Masculino | 52.3 | 61.0 |
| Femenino | 47.7 | 39.0 |
| Total | 100.0 | 100.0 |
| *Edad* | | |
| Sí | 48.0 | 50.4 |
| 18-23 | 4.9 | 12.4 |
| 24-29 | 12.4 | 13.8 |
| 30-35 | 22.2 | 22.8 |
| 36-41 | 17.3 | 14.3 |
| 42-47 | 10.8 | 11.5 |
| 48-53 | 19.3 | 15.3 |
| 53 y más | 13.1 | 9.9 |
| Total | 100.0 | 100.0 |
| *Escolaridad* | | |
| Sí | 48.0 | 50.4 |
| Ninguno | 4.8 | 6.0 |
| Primaria | 34.0 | 37.2 |
| Secundaria | 17.7 | 16.1 |
| Preparatoria | 7.3 | 16.9 |
| Técnico-prim. | 0.0 | 0.0 |
| Técnico-sec. | 3.1 | 1.5 |
| Normal | 0.7 | 0.4 |
| Profes./posg. | 26.2 | 10.6 |
| Elementary | 1.2 | 3.6 |
| High School | 2.0 | 5.5 |
| College | 2.8 | 2.0 |
| No responde | 0.2 | 0.0 |
| No especif. | 0.0 | 0.1 |
| Total | 100.0 | 100.0 |

## A MANERA DE CONCLUSIÓN

LOS RESULTADOS mostrados nos permiten conocer la percepción, en torno a la elección presidencial del 2 de julio de 2000, de los migrantes que se desplazan a Estados Unidos o retornan de dicho país utilizando cinco de los principales aeropuertos mexicanos; pero además, sobre actitudes políticas frente a los procesos electorales en México. Es decir, los datos de la encuesta proporcionan elementos para conocer más de cerca la cultura política de los migrantes que cuentan con documentos para entrar o residir en el país del norte. En primer lugar, en todos los casos en las respuestas positivas que analizamos son los hombres quienes predominan sobre las respuestas positivas de las mujeres; además, dichas respuestas se sitúan mayoritariamente entre quienes tienen de 30 a 41 años de edad y cuentan con estudios de primaria. Ese sería el perfil de los migrantes que respondieron afirmativamente. En segundo lugar, en lo que respecta a los saberes ciudadanos, aproximadamente el 60 por ciento de los entrevistados estaba enterado de que habría elecciones presidenciales en el verano del año 2000. Ante este mediano conocimiento destaca el que sólo el 12 por ciento declaró haber votado en las elecciones anteriores de 1994. Es decir, había muy poca experiencia electoral previa entre los migrantes.

Respecto a la posesión del instrumento electoral, la credencial electoral con fotografía, se concluye que existe una muy baja credencialización: apenas el 21 por ciento de los migrantes cuenta con ella. A la par, la intención declarada para realizar los trámites en México necesarios para obtenerla también resultó sumamente baja. Estos datos contrastan notablemente con la intención del voto en la elección presidencial que es muy alta: el 86.9 por ciento de los migrantes que se dirigían a la Unión Americana respondió positivamente, mientras que en el caso de los que retornaban a nuestro país, el porcentaje fue del 75 por ciento. Sin embargo, de nuevo aparece el contraste: el tiempo que estarían dispuestos a invertir para trasladarse a votar es mínimo. El 73 por ciento sólo estaría en disposición de dedicar menos de una hora, el 18 por ciento hasta una hora y el 9 por ciento el tiempo que se requiriera.

Tampoco mostraron mayor disposición a desplazarse lejos de su lugar de residencia o de trabajo para emitir su voto; ni a otro condado, ciudad o alguna ciudad de la frontera. Solamente lo harían al consulado más cercano; con lo cual se muestra un gran desconocimiento de la ubicación de nuestras representaciones diplomáticas ya que en algunos casos dichos consulados se sitúan en alguna ciudad más alejada de su lugar de residencia o trabajo.

La contradicción entre intenciones y respuestas concretas acerca de la instrumentación de ese deseo por participar lo muestra el caso de diversas modalidades de registro en Estados Unidos, que hipotéticamente les permitirían votar en elecciones presidenciales. Así, la disposición para registrarse es muy alta, mientras que el tiempo que dispondrían para ello es mínimo: el 75 por ciento se inclinó por menos de una hora y sólo el 8.7 por ciento por el tiempo que fuera necesario. También, por lo que hace a la intención de traslado para llevar a cabo el registro se vuelven a manifestar mayoritariamente por trasladarse al consulado más cercano. Ahora bien, respecto a la disponibilidad que manifiestan para obtener una credencial de identificación útil para sufragar, las intenciones son muy altas: 82 y 71 por ciento en los dos flujos. Pero en el momento en que se les interroga acerca del tiempo que estarían dispuestos a invertir para obtener el documento, un 18 por ciento declara que una hora y menos del 10 por ciento se manifiesta por la respuesta "lo suficiente". Así, de manera consistente con lo anterior, cerca de las dos terceras partes de los entrevistados le dedicarían menos de una hora a los trámites. De nuevo, la inmensa mayoría optaría por trasladarse al consulado más cercano en caso de tener que registrarse para obtener la credencial.

Llama la atención que los migrantes se manifiestan relativamente favorables a enviar su boleta electoral a México por medio del servicio postal. Aproximadamente el 63 por ciento contestó de manera afirmativa. Sin ser el porcentaje tan alto como en el caso de la intención del voto, más de la mitad considera viable enviar su voto; seguramente para ello tenga mucho que ver su estancia previa en Estados Unidos, donde es confiable y funciona aceptablemente el servicio postal; de haberse detenido a pensar en nuestro sistema de comunicaciones las respuestas podrían haber sido otras.

Por último, la mitad de los entrevistados manifestó temor a que en el posible escenario electoral, los migrantes indocumentados al momento de emitir su voto sean aprehendidos por el Servicio de Inmigración y Naturalización, la migra en términos coloquiales; es interesante el dato puesto que la patrulla fronteriza es el icono popular que encarna la prohibición del sueño norteamericano. Sin embargo, la lectura de estos temores tiene que hacerse a la luz de que los entrevistados entraron de manera legal a Estados Unidos y su relación con la migra puede estar mediada por este hecho.

Por lo dicho, reitero que una salida viable al dilema del voto en la distancia es que el proceso se instrumente por etapas. La primera, que podría ser un buen laboratorio para evaluar su posible implantación general, consistiría en que votaran aquellos ciudadanos que tuvieran la credencial electoral al momento de los comicios. Se estima que cuentan con el documento aproximadamente 1.3 millones de connacionales. Luego vendría el problema de la instrumentación, de las campañas, de la resolución de la legislación extraterritorial y, por supuesto, de los costos; esos son algunos otros temas que hacen el proceso sumamente complejo y difícil.

# Las elecciones presidenciales del año 2000 en la frontera norte. El voto en las casillas especiales

L AS ELECCIONES del 2 de julio de 2000 representaron un partea-guas en la historia del sistema político mexicano. Fueron el anuncio de un final de época, aquella que se caracterizaba por el predominio de un partido político en el poder y el inicio de otra que se distingue por la existencia de un gobierno dividido. Efectivamente, el 2 de julio triunfó el candidato de la Alianza por el Cambio, Vicente Fox Quezada. Nunca en la historia política mexicana el PRI había reconocido el triunfo de un can-didato de oposición a la Presidencia de la República. Con sor-presa, los ciudadanos mexicanos escuchamos la declaración del presidente Ernesto Zedillo la misma tarde del 2 de julio, acerca de que el candidato priísta, Francisco Labastida, había perdido la elección más importante de todas las celebradas hasta entonces. Se trataba de la disputa por el centro mismo del sistema político mexicano; símbolo y realidad de la centralización del poder político. O si se quiere, 71 años después de formado, el PRI pasa-ba a la oposición en el único puesto que era capaz de sustentar a todo el régimen: la Presidencia.

Vicente Fox triunfó y además lo hicieron los candidatos pa-nistas a las gubernaturas de Guanajuato y de Morelos. Pero en el Congreso de la Unión y en el Distrito Federal los saldos no fueron tan favorables. En el caso del Congreso se dio una situación inédita: el PRI obtuvo la mayoría relativa en las cámaras de Diputados y Senadores, lo que significa una situación de gobierno dividido. Aunque algunos autores señalan que el gobierno dividido tiene lugar a partir de las elecciones federales de 1997, cuando el PRI se convirtió en mayoría relativa o minoría mayoritaria en la Cámara

de Diputados; sin embargo, en la de Senadores siguió conservando
la mayoría absoluta y calificada. Por ello no será sino hasta la
pasada elección cuando en ambas cámaras el partido que ganó
la Presidencia de la República, no tiene mayoría absoluta en ninguna de ellas.

La composición del Congreso de la Unión quedó de la siguiente manera: en la Cámara de Diputados, de 500 legisladores, el PRI
obtuvo 211; mientras que el PAN obtuvo 207 curules y el PRD,
50.[15] Por su parte la Cámara de Senadores, que alberga a 128
legisladores, quedó integrada por 59 del PRI, 45 del PAN y 17 del
PRD.[16]

A la expectativa natural que suscitaron las elecciones federales,
en la frontera norte se sumó el papel que jugarían las casillas especiales. Efectivamente, la discusión previa del voto de los mexicanos en el extranjero generó diversas posiciones, algunas de ellas
encontradas, las que no tuvieron una conclusión ya que la iniciativa quedó congelada en el Congreso de la Unión. Esta será, sin
duda, una discusión que pronto habrá de volver y ocupará buena
parte de las líneas de trabajo de la llamada reforma del Estado.
Ante la imposibilidad de llevar a cabo elecciones fuera de nuestro
territorio, aquellos que promovían el voto de los mexicanos de afuera, vieron en las casillas especiales la oportunidad para participar
en las elecciones federales. El Instituto Federal Electoral decidió
instalar 716 casillas especiales, 64 de las cuales fueron ubicadas
a lo largo de la frontera norte. Se decidió que en cada una de las
casillas se contara con 750 boletas tanto para Presidente de la República, como para diputados y senadores. Ello significó que en
la frontera norte podrían votar un máximo de 48,000 ciudadanos.
Evidentemente es una suma pequeña comparada con los 1.5
millones de mexicanos que se calcula viven en Estados Unidos.

Para la elección del 2 de julio algunos de los partidos hicieron
propaganda en los Estados Unidos (el 99 por ciento de los mexica-

---

[15] El Partido del Trabajo obtuvo siete; el Verde Ecologista de México (PVEM), 17; Convergencia por la Democracia, tres; el Partido de la Sociedad Nacionalista, tres y el Partido de la Alianza
Social, dos.

[16] Un senador fue para el PT; cinco para el PVEM y uno para Convergencia por la Democracia.

nos que viven fuera de México se encuentran en Estados Unidos);
básicamente la Alianza por el Cambio y la Alianza por México
o simpatizantes de estas coaliciones que se formaron o ya existían
desde las elecciones de 1988. Algunos de estos grupos organizaron
caravanas para llevar al mayor número de ciudadanos residentes
en Estados Unidos a votar a las casillas especiales de la frontera.
Pronto corrió la noticia de que miles de mexicanos de afuera
irían a votar, abarrotando la frontera. Por ejemplo el PRD organizó la "Caravana a la Frontera": "Una cabalgata con alrededor de
50 charros denominada «División del Norte» salió el pasado
domingo 25 de junio desde Washington para arribar el próximo 2
de julio a Tijuana, con el fin de promover y proteger el voto a favor
del candidato de Alianza por México, Cuauhtémoc Cárdenas
Solórzano".[17] Otra organización que decidió seguir el mismo
método –cabalgata– aunque combinado con la utilización del
avión, los automóviles y autobuses, fue Mimexca (Mexican Migrants
for Change). Esta agrupación decidió dividir su apoyo entre Vicente Fox y Cuauhtémoc Cárdenas.[18]

La elección podría tornarse caótica si acaso acudían en masa
los mexicanos de afuera, ya que las 48,000 boletas serían a todas
luces insuficientes en la frontera; las casillas especiales podrían
convertirse en una mancha oscura para el proceso de democra-
tización en ciernes. Se dice que los medios de comunicación
estadounidenses en los días previos al 2 de julio realizaron toda
una estrategia propagandística para desanimar a los connacionales
a acudir a la frontera a votar debido a la limitación de boletas en
las casillas especiales. Sea como fuera, las multitudes no llegaron y
salvo algunos pequeños incidentes, las elecciones transcurrieron
con normalidad.

Quizás el problema mayor que registran las casillas especiales
es la insuficiencia de las boletas, sobre todo en aquellas casillas
instaladas en lugares densamente poblados o con un gran movimiento de población, como por ejemplo en aeropuertos y centrales

[17] "Caravana a la Frontera", www.perredista.com/espanol/caravana.htm
[18] S. Lynne Walker y Anna Cearley, "Mexican's electoral pilgrimage", *The San Diego
Union-Tribune*, San Diego, Cal., 1o. de julio de 2000, pp. A1-A21.

de autobuses. Los mayores reclamos se dan cuando las personas se encuentran con las casillas cerradas. Esto fue lo único relevante en la elección de 2000.

## LA ENCUESTA

COMO anoté líneas arriba, en la frontera norte se instalaron 64 casillas especiales en 20 distritos electorales y que dieron la oportunidad de votar a 48,000 ciudadanos. Ante la expectativa de la eleccion presidencial y en el marco de la discusión en torno al voto de los mexicanos en el extranjero, El Colegio de la Frontera Norte se dio a la tarea de aplicar una encuesta representativa para conocer el perfil de los votantes de las casillas especiales.[19] Con ello estaríamos en posibilidad de corroborar el desplazamiento de mexicanos residentes en Estados Unidos hacia la frontera para emitir su sufragio. Para ello se aplicaron cuestionarios en las 15 casillas especiales de la ciudad de Tijuana –cinco por cada uno de los distritos federales 4, 5 y 6–, y en la de Playas de Rosarito –municipio que queda incluido también en el Distrito federal 6–, con lo cual se cubrió el 100 por ciento de las casillas especiales ubicadas en ambas ciudades (16). Los cuestionarios se aplicaron a los votantes de salida; una vez que emitieron su voto se les aplicó un pequeño cuestionario (con un total de 10 preguntas) y que buscaba obtener el perfil sociodemográfico, los antecedentes electorales y laborales de los electores. En esa medida se tendría un perfil general del votante en las casillas especiales. Al final se captaron un total de 3, 221 cuestionarios, lo cual hace que la muestra tenga en realidad una representatividad muy alta ya que cubre un 27.41 porciento del total de los votantes que acudieron a las 16 casillas especiales.

En general el cuestionario se aplicó a un 42 por ciento de mujeres y a un 58 por ciento de hombres. La pregunta: "¿en qué país vive usted?", nos sirvió para analizar dos universos. Por un lado, las personas que viven en México y acudieron a las urnas

[19] La *Encuesta de opinión. Casillas especiales* fue coordinada por Rodolfo Cruz Piñeiro, Víctor Alejandro Espinoza Valle y Jorge Santibáñez Romellón.

especiales y por el otro, aquellos que residen en el otro lado de la frontera, en Estados Unidos y que pudieran ser considerados migrantes internacionales. A partir de esta diferenciación se analizan los perfiles sociales, los lugares de residencia, los antecedentes laborales y, en el caso de los residentes en Estados Unidos, su estatus residencial.

## LAS CASILLAS ESPECIALES

LAS CASILLAS especiales reciben la votación de los electores que transitoriamente se encuentran fuera de la sección correspondiente a su domicilio. Y de acuerdo con la situación del elector éste votará de manera diferenciada según el siguiente diagrama.

### TIPO DE VOTO RECIBIDO EN
### LAS CASILLAS ESPECIALES

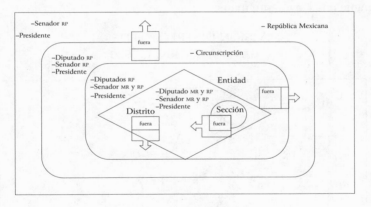

Tal como lo señala la normatividad electoral, a las casillas especiales puede acudir a votar cualquier persona que se encuentre fuera de su sección y cuente con su credencial electoral. Existen cuatro modalidades de voto, según la situación en la que se encuentre una persona en tránsito temporal: fuera de su sección pero dentro de su distrito, fuera de su distrito pero dentro de la entidad federativa, fuera de su entidad pero dentro de su circunscripción y en cualquier otro punto del territorio nacional fuera de su circunscripción.[20]

Por acuerdo del Consejo General del Instituto Federal Electoral, cada casilla especial contó con un máximo de 750 boletas para cada tipo de elección. En cada distrito electoral se instalaron hasta cinco casillas especiales. Para determinar el número y ubicación se tomó en cuenta la cantidad de municipios comprendidos en el distrito, su densidad de población y sus características geográficas.

Lo importante de señalar es que en las casillas especiales votan todos aquellos que se encuentren fuera de su sección, distrito, entidad o de su circunscripción. Se trata de personas en tránsito por cualquier motivo, que viven fuera del territorio nacional y vuelven a votar o aquellos que cambiaron de domicilio o que por algún motivo no se encuentran en el listado nominal al que corresponde su lugar de residencia.

La ubicación geográfica de los tres distritos bajo análisis se distingue en el siguiente mapa:

DIVISIÓN DISTRITAL FEDERAL
BAJA CALIFORNIA, 2000

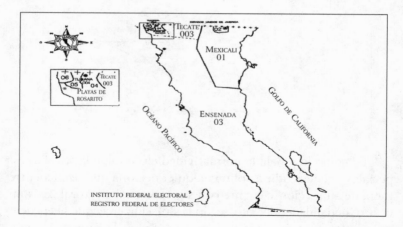

---

[20] Véase artículo 223 del Código Federal de Instituciones y Procedimientos Electorales, México, Instituto Federal Electoral, noviembre de 1996, pp. 199-200.

## LOS VOTANTES

LOS RESULTADOS se presentan en dos universos, uno que corresponde a los residentes en México y otro a los residentes en Estados Unidos (migrantes internacionales). La encuesta arrojó resultados interesantes, en primer lugar votaron en su mayoría residentes de México (84.4 por ciento). Sólo un 15.6 por ciento vive regularmente en Estados Unidos.

Por distrito electoral, en el Distrito 4 se presentó un 94.5 por ciento de personas que viven en México, quedando sólo un 5.5 por ciento que residen en Estados Unidos. Esta cifra contrasta notablemente con los datos del Distrito 5, donde acudieron a votar un porcentaje mayor –28.9 por ciento– de personas que residen en Estados Unidos. En el caso del Distrito 6, la cifra es ligeramente menor que el dato general de los residentes del exterior.

### ¿EN QUÉ PAÍS VIVE USTED?

| Distrito | México | % | EE.UU. | % | Total |
|---|---|---|---|---|---|
| 4 | 980 | 94.5 | 57 | 5.5 | 1,037 |
| 5 | 724 | 71.1 | 294 | 28.9 | 1,018 |
| 6 | 1,015 | 87.0 | 151 | 13.6 | 1,166 |
| Total | 2,719 | 84.4 | 502 | 15.6 | 3,221 |

### ¿EN QUÉ PAÍS VIVE USTED?

| | Distrito | | |
|---|---|---|---|
| | 4 | 5 | 6 |
| México | 94.5 | 71.0 | 87.0 |
| EE.UU. | 5.5 | 28.0 | 13.0 |
| Total | 32.2 | 31.0 | 36.2 |
| | 100.0 % | 100.0 % | 100.0 % |

## LOS QUE VINIERON DE ESTADOS UNIDOS

ALGUNAS características socioeconómicas básicas de los votantes en las casillas especiales que residen en Estados Unidos se presentan a continuación: en su gran mayoría los votantes que residen en Estados Unidos nacieron en México, tan sólo un 1.2 por ciento nació en Estados Unidos. Sin embargo, este último dato resulta sorprendente pues legalmente resulta improcedente que una persona que tenga otra ciudadanía –por nacimiento o adopción– pueda ejercer el derecho al sufragio. Sobre todo en Estados Unidos donde la legislación no contempla la pérdida de la ciudadanía, salvo en caso de renuncia voluntaria y expresa, como vimos en la primera parte de este libro.

### DISTRIBUCIÓN PORCENTUAL
### DEL PAÍS DONDE NACIÓ

|         | Distrito |       |       |       |
| ------- | ------- | ------- | ------- | ------- |
|         | 4       | 5       | 6       | Total   |
| México  | 100.0   | 98.6    | 98.7    | 98.8    |
| EE.UU.  |         | 1.4     | 1.3     | 1.2     |
|         | 100.0   | 100.0   | 100.0   | 100.0   |

Respecto a la entidad de la República donde nacieron figura en primer lugar el estado de Jalisco con un 18.1 por ciento, seguido del Distrito Federal con un 16.3 por ciento y Michoacán con 12.5 por ciento. El resto de los estados presentan un porcentaje menor al 10 por ciento. Es en el Distrito 4 donde se registra la más alta concentración de votantes que nacieron en el Distrito Federal (21.1 por ciento).

## DISTRIBUCIÓN PORCENTUAL
## DEL ESTADO DONDE NACIÓ

| | Distrito | | | |
|---|---|---|---|---|
| | 4 | 5 | 6 | Total |
| Aguascalientes | | 0.7 | 2.7 | 1.2 |
| Baja California | 1.8 | 2.4 | 2.0 | 2.2 |
| Baja California Sur | 3.5 | 1.0 | | 1.0 |
| Campeche | | 0.3 | | 0.2 |
| Coahuila | 3.5 | 0.7 | 1.3 | 1.2 |
| Colima | | 0.3 | | 0.2 |
| Chiapas | | 0.3 | | 0.2 |
| Chihuahua | 5.3 | 0.7 | | 1.0 |
| Distrito Federal | 21.1 | 17.2 | 12.8 | 16.3 |
| Durango | 3.5 | 1.0 | 4.7 | 2.4 |
| Guanajuato | 3.5 | 5.9 | 11.4 | 7.3 |
| Guerrero | | 3.4 | 2.7 | 2.8 |
| Hidalgo | | 0.7 | 0.7 | 0.6 |
| Jalisco | 15.8 | 19.0 | 17.4 | 18.1 |
| México | 1.8 | 2.1 | 2.7 | 2.2 |
| Michoacán | 10.5 | 14.1 | 10.1 | 12.5 |
| Morelos | 1.8 | 1.0 | 1.3 | 1.2 |
| Nayarit | 1.8 | 2.1 | 2.0 | 2.0 |
| Nuevo León | | 1.0 | 0.7 | 0.8 |
| Oaxaca | | 4.5 | 10.1 | 5.6 |
| Puebla | | 4.1 | 0.7 | 2.6 |
| Querétaro | 1.8 | 1.4 | | 1.0 |
| Quintana Roo | | | 0.7 | 0.2 |
| San Luis Potosí | 0 | 0.3 | 1.3 | 0.6 |
| Sinaloa | 10.5 | 6.9 | 4.0 | 6.5 |
| Sonora | 3.5 | 1.0 | 1.3 | 1.4 |
| Tamaulipas | 1.8 | | | 0.2 |
| Tlaxcala | | | 0.7 | 0.2 |
| Veracruz | 3.5 | 0.7 | 3.4 | 1.8 |
| Yucatán | | 1.7 | 0.7 | 1.2 |
| Zacatecas | 5.3 | 5.2 | 4.0 | 4.8 |
| No especificado | | | 0.7 | 0.2 |
| | 100.0 | 100.0 | 100.0 | 100.0 |

Cuando observamos la situación legal en Estados Unidos o "estatus" residencial, la mayoría declaró ser residente legal (77.9 por ciento), siendo el Distrito 6 un poco más alto que el promedio. Sin embargo, de nuevo salta la duda ya que casi el 10 por ciento –9.8

por ciento– de los entrevistados declararon ser ciudadanos norteame- ricanos. O se trata de un error en cuanto a la forma como se con- sideran los votantes, o es una situación de doble registro, que es tan común entre los habitantes de la frontera. El porcentaje restante –12.4 por ciento– muy probablemente lo conforma la población indocumentada.

## DISTRIBUCIÓN PORCENTUAL DEL "ESTATUS" DE SU RESIDENCIA EN EE.UU.

|  | Distrito | | | |
|  | 4 | 5 | 6 | Total |
| --- | --- | --- | --- | --- |
| Ciudadano | 7.0 | 10.5 | 9.3 | 9.8 |
| Residente legal | 71.9 | 77.9 | 80.1 | 77.9 |
| Otro | 21.1 | 8.2 | 7.9 | 9.6 |
| No especificado |  | 3.4 | 2.6 | 2.8 |
|  | 100.0 | 100.0 | 100.0 | 100.0 |

Como era lógico suponer, los votantes que vinieron de Estados Unidos en su mayoría –97.6 por ciento– residían en el estado de California; el siguiente grupo provenía de Arizona, pero su porcenta- je fue de apenas un .8 por ciento. Cabe hacer notar que en el Distri- to 4, aparte de los californianos encontramos un porcentaje de los distritos de Columbia y de Indiana.

## DISTRIBUCIÓN PORCENTUAL DEL ESTADO DONDE VIVEN

|  | Distrito | | | |
|  | 4 | 5 | 6 | Total |
| --- | --- | --- | --- | --- |
| Arizona |  | 0.7 | 1.3 | 0.8 |
| California | 96.5 | 98.3 | 96.7 | 97.6 |
| Distrito de Columbia | 1.8 |  |  | 0.2 |
| Illinois |  | 0.3 |  | 0.2 |
| Indiana | 1.8 |  |  | 0.2 |
| Missouri |  |  | 0.7 | 0.2 |
| Texas |  | 0.3 | 0.7 | 0.4 |

| | *Distrito* | | | |
| | *4* | *5* | *6* | *Total* |
|---|---|---|---|---|
| Washington | | 0.3 | | 0.2 |
| No especificado | | | 0.7 | 0.2 |
| Total | 100.0 | 100.0 | 100.0 | 100.0 |

Con relación al género, vinieron a votar más hombres que mujeres –67.5 y 32.5 por ciento, respectivamente. La tendencia por distrito es semejante, salvo alguna pequeña diferencia en el Distrito 6 que registra la mayor participación masculina respecto a los otros.

## DISTRIBUCIÓN PORCENTUAL POR SEXO

| | *Distrito* | | | |
| | *4* | *5* | *6* | *Total* |
|---|---|---|---|---|
| Masculino | 61.4 | 67.0 | *70.9* | *67.5* |
| Femenino | 38.6 | 33.0 | 29.1 | 32.5 |
| Total | 100.0 | 100.0 | 100.0 | 100.0 |

En relación con la edad de los votantes vale la pena señalar que los comprendidos en el lustro de 35 a 40 años fueron los más participativos con un 17.1 por ciento; el siguiente grupo fue el comprendido entre los 25 a 30 años con un 14.5 por ciento.

## DISTRIBUCIÓN PORCENTUAL
## DE LOS GRUPOS DE EDAD

| | *Distrito* | | | |
| | *4* | *5* | *6* | *Total* |
|---|---|---|---|---|
| Menos de 20 | | 0.3 | 0.7 | 0.4 |
| 20 a 24 | 1.8 | 3.7 | 3.3 | 3.4 |
| 25 a 30 | 17.5 | 16.0 | 10.6 | *14.5* |
| 31 a 34 | 7.0 | 10.5 | 5.3 | 8.6 |
| 35 a 40 | 24.6 | 18.4 | 11.9 | *17.1* |

(*Continuación*)

| | Distrito | | | |
|---|---|---|---|---|
| | *4* | *5* | *6* | *Total* |
| 41 a 44 | 5.3 | 5.4 | 6.0 | 5.6 |
| 45 a 50 | 7.0 | 11.6 | 18.5 | 13.1 |
| 51 a 54 | 5.3 | 7.1 | 10.6 | 8.0 |
| 55 a 60 | 17.5 | 11.6 | 13.9 | 12.9 |
| 61 a 64 | 5.3 | 6.8 | 6.0 | 6.4 |
| 65 a 70 | 3.5 | 5.1 | 8.6 | 6.0 |
| Más de 70 | 1.8 | 3.1 | 4.0 | 3.2 |
| No especificado | 3.5 | 0.3 | 0.7 | 0.8 |
| Total | 100.0 % | 100.0 % | 100.0 % | 100.% |

En cuanto a la escolaridad sobresale el nivel de polarización en las formaciones. En primer lugar, quienes dijeron contar con la instrucción primaria representaron el 33.7 por ciento. En el otro extremo se ubicaron los que contaban con estudios profesionales, con un porcentaje de presentación de 31.5 por ciento. Llama la atención que en el Distrito 4, 50 por ciento del total de los votantes de estas casillas tiene el nivel de profesional o posgrado.

## DISTRIBUCIÓN PORCENTUAL DEL NIVEL DE ESCOLARIDAD

| | Distrito | | | |
|---|---|---|---|---|
| | *4* | *5* | *6* | *Total* |
| Ninguno | 5.3 | 4.1 | 5.3 | 4.6 |
| Primaria | 17.5 | 35.0 | 37.1 | 33.7 |
| Secundaria | 15.8 | 14.3 | 15.2 | 14.7 |
| Preparatoria o bachillerato | 5.3 | 10.9 | 13.2 | 11.0 |
| Estudios técnicos con primaria | 1.8 | 2.7 | 2.0 | 2.4 |
| Estudios técnicos con secundaria | 1.8 | 0.3 | 1.3 | 0.8 |
| Normal | | 0.7 | 0.7 | 0.6 |
| Profesional o posgrado | 50.9 | 31.6 | 23.8 | 31.5 |
| No especificado | 1.8 | 0.3 | 1.3 | 0.8 |
| Total | 100.0 | 100.0 | 100.0 | 100.0 |

Respecto a la pregunta referida a los antecedentes laborales inmediatos, es de destacar que a pesar de que la mayoría –73.9 por ciento– declaró haber trabajado en los 30 días previos a la fecha de la elección, me parece alto el porcentaje de aquellos que pudieran considerarse desempleados –26.1 por ciento. De manera particular destaca en este renglón el Distrito 4 con un 31.6 por ciento.

### DISTRIBUCIÓN PORCENTUAL DE ANTECEDENTES LABORALES, ¿DURANTE LOS ÚLTIMOS 30 DÍAS TRABAJÓ USTED?

|      | Distrito | | | |
| --- | --- | --- | --- | --- |
|      | 4 | 5 | 6 | Total |
| Sí | 68.4 | 71.8 | 80.1 | 73.9 |
| No | 31.6 | 28.2 | 19.9 | 26.1 |
|      | 100.0 | 100.0 | 100.0 | 100.0 |

### DISTRIBUCIÓN PORCENTUAL DEL PAÍS EN DONDE TRABAJÓ

|      | Distrito | | | |
| --- | --- | --- | --- | --- |
|      | 4 | 5 | 6 | Total |
| No trabajó | 31.6 | 28.2 | 19.9 | 26.1 |
| México | 14.0 | 7.1 | 8.6 | 8.4 |
| EE.UU. | 54.4 | 64.6 | 71.5 | 65.5 |
|      | 100.0 | 100.0 | 100.0 | 100.0 |

Llama poderosamente la atención el dato sobre el país laboral de referencia. Un porcentaje nada despreciable, cercano al 10 por ciento –8.4 por ciento–, de residentes en Estados Unidos manifestaron haber laborado en México. Parecería un error o contradicción pensar que haya personas que vivan en el "otro lado" y se trasladen a nuestro país a trabajar. Sin embargo, refleja uno de los fenómenos más interesantes de la frontera norte. Este tipo de trabajadores, al igual que quienes viven en nuestro país y acuden a trabajar diariamente a Estados Unidos, deben ser catalogados como *conmuters*.

Por último, resulta interesante el dato sobre la participación electoral previa de los votantes en casillas especiales. El 52.6 por ciento declararon haber votado en la elección presidencial de 1994. En particular en el Distrito 4 el promedio fue el más alto con un 63.2 por ciento de participación. Ciertamente la cifra no es alta, pero se sitúa en los niveles promedio de votación para elecciones presidenciales.

### DISTRIBUCIÓN PORCENTUAL DE LA PARTICIPACIÓN ELECTORAL EN LAS ELECCIONES PRESIDENCIALES MEXICANAS DE 1994

|     | Distrito | | | |
|-----|------|------|------|-------|
|     | 4    | 5    | 6    | Total |
| Sí  | 63.2 | 53.1 | 47.7 | 52.6  |
| No  | 36.8 | 46.9 | 52.3 | 47.4  |
|     | 100.0 | 100.0 | 100.0 | 100.0 |

## LOS QUE RESIDEN EN MÉXICO

ALGUNAS de las características que nos permiten conocer el perfil de los votantes en las casillas especiales y que residen en México, se presentan a continuación. El dato que llama la atención es que a pesar de que la amplia mayoría de los residentes nacionales nació en nuestro país, aparece de nuevo el registro de nacidos en Estados Unidos; de manera consecuente con las características de quienes residen en Estados Unidos.

### DISTRIBUCIÓN PORCENTUAL DEL PAÍS DONDE NACIÓ

|     | Distrito | | | |
|-----|------|------|------|-------|
|     | 4    | 5    | 6    | Total |
| México | 99.8 | 99.4 | 99.6 | 99.6 |
| EE.UU. | 0.1 | 0.3 |     | 0.1 |
| Otro | 0.1 | 0.3 | 0.1 | 0.1 |
| No especificado |     |     | 0.3 | 0.1 |
|     | 100.0 | 100.0 | 100.0 | 100.0 |

Respecto a los estados en donde manifestaron haber nacido, el patrón es muy semejante al de los residentes en Estados Unidos: el Distrito Federal, Sinaloa y Jalisco ocupan los tres primeros lugares, seguidos por Sonora, Veracruz y Baja California. Sin embargo, aquí se evidencia el fenómeno de la migración pues un porcentaje de 6.5 por ciento es muy bajo para los nativos de la entidad.

## DISTRIBUCIÓN PORCENTUAL DEL ESTADO DONDE NACIÓ

| | Distrito | | | |
| --- | --- | --- | --- | --- |
| | 4 | 5 | 6 | Total |
| Aguascalientes | 0.2 | 0.4 | 0.5 | 0.4 |
| Baja California | 6.0 | 6.4 | 7.1 | 6.5 |
| Baja California Sur | 1.9 | 1.3 | 0.7 | 1.3 |
| Campeche | 0.2 | 0.6 | 0.1 | 0.3 |
| Coahuila | 1.0 | 1.1 | 1.7 | 1.3 |
| Colima | 0.7 | 1.5 | 0.4 | 0.8 |
| Chiapas | 3.7 | 1.7 | 1.0 | 2.1 |
| Chihuahua | 1.4 | 1.5 | 2.0 | 1.7 |
| Distrito Federal | 9.5 | 16.3 | 15.2 | 13.4 |
| Durango | 3.4 | 2.6 | 2.0 | 2.7 |
| Guanajuato | 3.8 | 3.1 | 3.5 | 3.5 |
| Guerrero | 1.7 | 0.7 | 2.1 | 1.6 |
| Hidalgo | 1.6 | 1.4 | 1.6 | 1.6 |
| Jalisco | 7.7 | 10.7 | 10.8 | 9.6 |
| México | 2.8 | 3.9 | 2.4 | 2.9 |
| Michoacán | 7.4 | 3.9 | 5.4 | 5.7 |
| Morelos | 0.6 | 0.7 | 0.3 | 0.5 |
| Nayarit | 4.7 | 2.9 | 5.1 | 4.4 |
| Nuevo León | 0.5 | 1.8 | 0.9 | 1.0 |
| Oaxaca | 2.9 | 3.8 | 2.0 | 2.8 |
| Puebla | 2.6 | 1.8 | 4.3 | 3.0 |
| Querétaro | 0.2 | 0.7 | 0.6 | 0.5 |
| San Luis Potosí | 0.8 | 0.6 | 1.1 | 0.8 |
| Sinaloa | 14.5 | 12.8 | 9.8 | 12.3 |
| Sonora | 8.3 | 9.0 | 9.0 | 8.7 |
| Tabasco | 0.4 | 0.1 | 0.6 | 0.4 |
| Tamaulipas | 0.8 | 0.8 | 1.1 | 0.9 |
| Tlaxcala | 1.0 | 0.6 | 1.3 | 1.0 |
| Veracruz | 8.6 | 5.7 | 5.0 | 6.5 |
| Yucatán | 0.3 | 0.1 | 0.3 | 0.3 |
| Zacatecas | 0.6 | 1.7 | 1.8 | 1.3 |

(*Continuación*)

|  | Distrito | | | |
| --- | --- | --- | --- | --- |
|  | *4* | *5* | *6* | *Total* |
| No sabe | 0.1 | | | 0.0 |
| No especificado | | | 0.5 | 0.2 |
| | 100.0 | 100.0 | 100.0 | 100.0 |

Es de resaltar que respecto a la entidad en donde actualmente viven el porcentaje es sumamente elevado para la respuesta de Baja California, pues se sitúa en casi 50 por ciento (49.8 por ciento); esto quiere decir, que quienes sufragaron en las casillas especiales fueron residentes de la entidad que o se encontraban fuera de su distrito o municipio o simplemente no aparecieron en los listados nominales que les correspondía. Los porcentajes para otras entidades son sumamente bajos; con excepción del D.F. con 7.4 por ciento y Sinaloa con 7.2 por ciento.

## DISTRIBUCIÓN PORCENTUAL DEL ESTADO DONDE VIVEN

|  | Distrito | | | |
| --- | --- | --- | --- | --- |
|  | *4* | *5* | *6* | *Total* |
| Aguascalientes | 0.1 | 0.7 | 0.7 | 0.5 |
| Baja California | *52.9* | 44.5 | 50.5 | *49.8* |
| Baja California Sur | 0.8 | 2.2 | 1.0 | 1.3 |
| Campeche | 0.1 | | | 0.0 |
| Coahuila | 0.4 | 0.8 | 0.9 | 0.7 |
| Colima | 0.3 | 0.4 | 0.5 | 0.4 |
| Chiapas | 1.1 | 0.3 | 0.3 | 0.6 |
| Chihuahua | 1.0 | 0.8 | 0.5 | 0.8 |
| Distrito Federal | 4.0 | 11.00 | 8.2 | 7.4 |
| Durango | 0.8 | 0.8 | 1.0 | 0.9 |
| Guanajuato | 2.2 | 1.5 | 1.9 | 1.9 |
| Guerrero | 0.9 | 0.4 | 1.1 | 0.8 |
| Hidalgo | 0.7 | 0.3 | 0.8 | 0.6 |
| Jalisco | 5.6 | 7.6 | 5.7 | 6.2 |
| México | 2.6 | 3.5 | 1.8 | 2.5 |
| Michoacán | 2.7 | 2.6 | 1.6 | 2.2 |
| Morelos | 0.3 | 0.8 | 0.4 | 0.5 |

| | Distrito | | | |
|---|---|---|---|---|
| | 4 | 5 | 6 | Total |
| Nayarit | 2.1 | 1.5 | 3.3 | 2.4 |
| Nuevo León | 0.2 | 1.1 | 1.5 | 0.9 |
| Oaxaca | 1.0 | 1.2 | 1.4 | 1.2 |
| Puebla | 0.9 | 1.5 | 1.7 | 1.4 |
| Querétaro | 0.2 | 0.1 | 0.2 | 0.2 |
| Quintana Roo | 0.1 | 0.1 | 0.2 | 0.1 |
| San Luis Potosí | 0.5 | 0.4 | 0.3 | 0.4 |
| Sinaloa | 8.9 | 7.5 | 5.5 | 7.2 |
| Sonora | 4.9 | 4.7 | 5.2 | 5.0 |
| Tabasco | 0.3 | 0.1 | | 0.1 |
| Tamaulipas | 0.2 | 0.4 | 0.3 | 0.3 |
| Tlaxcala | 0.5 | 0.6 | 0.7 | 0.6 |
| Veracruz | 3.4 | 1.4 | 2.2 | 2.4 |
| Yucatán | 0.1 | | 0.1 | 0.1 |
| Zacatecas | 0.1 | 0.8 | 0.7 | 0.5 |
| No especificado | | 0.1 | | 0.0 |
| | 100.0 | 100.0 | 100.0 | 100.0 |

En relación con la participación masculina y femenina, los primeros mantienen una diferencia favorable de 12.6 por ciento. Al igual a lo que sucede con los residentes en Estados Unidos, los hombres acudieron en mayor porcentaje a sufragar a las casillas especiales.

## DISTRIBUCIÓN PORCENTUAL POR SEXO

| | Distrito | | | |
|---|---|---|---|---|
| | 4 | 5 | 6 | Total |
| Masculino | 57.8 | 55.5 | 55.4 | *56.3* |
| Femenino | 42.2 | 44.5 | 44.6 | *43.7* |
| | 100.0 | 100.0 | 100.0 | 100.0 |

En términos de la variable edad, los grupos que mayoritariamente acudieron a las casillas fueron los de 25 a 30 años (22.3 por ciento) y de 35 a 40 años (13.0 por ciento); entre ambos representaron el 35 por ciento de los participantes.

## DISTRIBUCIÓN PORCENTUAL
## DE LOS GRUPOS POR EDAD

|  | Distrito | | | |
|  | 4 | 5 | 6 | Total |
| --- | --- | --- | --- | --- |
| Menos de 20 | 2.8 | 1.4 | 2.9 | 2.4 |
| 20 a 24 | 15.5 | 13.8 | 14.3 | 14.6 |
| 25 a 30 | 23.7 | 23.8 | 19.8 | 22.3 |
| 31 a 34 | 9.7 | 8.3 | 9.6 | 9.3 |
| 35 a 40 | 13.5 | 11.6 | 13.5 | 13.0 |
| 41 a 44 | 6.5 | 5.2 | 7.1 | 6.4 |
| 45 a 50 | 8.7 | 9.1 | 8.5 | 8.7 |
| 51 a 54 | 4.2 | 6.1 | 4.1 | 4.7 |
| 55 a 60 | 7.9 | 6.6 | 7.6 | 7.4 |
| 61 a 64 | 2.1 | 4.0 | 4.3 | 3.5 |
| 65 a 70 | 3.1 | 5.7 | 3.6 | 4.0 |
| Más de 70 | 2.0 | 4.4 | 4.2 | 3.5 |
| No especificado | 0.4 | | 0.5 | 0.3 |
|  | 100.0 | 100.0 | 100.0 | 100.0 |

Al igual de lo que sucedió con los residentes en Estados Unidos la mayoría de los votantes manifestó contar con la primaria (22.2 por ciento) y con estudios profesionales o de posgrado. El tercer lugar lo ocuparon aquellos que contaban con estudios de secundaria.

## DISTRIBUCIÓN PORCENTUAL
## DEL NIVEL DE ESCOLARIDAD

|  | Distrito | | | |
|  | 4 | 5 | 6 | Total |
| --- | --- | --- | --- | --- |
| Ninguno | 3.3 | 1.4 | 4.0 | 3.1 |
| Primaria | 21.4 | 20.9 | 23.8 | 22.2 |
| Secundaria | 23.5 | 14.5 | 18.8 | 19.3 |
| Preparatoria o bachillerato | 12.1 | 12.0 | 13.5 | 12.6 |
| Estudios técnicos con primaria | 1.7 | 3.0 | 2.4 | 2.3 |
| Estudios técnicos con secundaria | 1.9 | 1.2 | 1.9 | 1.7 |
| Normal | 1.0 | 2.5 | 0.3 | 1.1 |
| Profesional o posgrado | 28.3 | 44.5 | 34.9 | 35.0 |
| No especificado | 6.7 | | 0.4 | 2.6 |
|  | 100.0 | 100.0 | 100.0 | 100.0 |

Por último, en las preguntas de antecedentes laborales encontramos que los residentes de México, un 70.2 por ciento trabajaron en los últimos 30 días, en contraparte con el 29.7 por ciento que no lo hicieron. Los que sí tenían empleo lo desempeñaban mayoritariamente en México –67.8 por ciento– y un porcentaje muy bajo en Estados Unidos (2.2 por ciento). Esto es, se trataba de *conmuters*.

### DISTRIBUCIÓN PORCENTUAL DE ANTECEDENTES LABORALES, ¿DURANTE LOS ÚLTIMOS 30 DÍAS TRABAJÓ USTED?

|  | *Distrito* | | | |
|  | *4* | *5* | *6* | *Total* |
|---|---|---|---|---|
| Sí | 72.6 | 67.1 | 70.2 | *70.2* |
| No | 27.4 | 32.6 | 29.7 | 29.7 |
| No especificado |  | 0.3 |  | 0.1 |
|  | 100.0 | 100.0 | 100.0 | 100.0 |

### DISTRIBUCIÓN PORCENTUAL DEL PAÍS DONDE TRABAJÓ

|  | *Distrito* | | | |
|  | *4* | *5* | *6* | *Total* |
|---|---|---|---|---|
| No trabajó los últimos 30 días | 27.4 | 32.6 | 29.8 | 29.7 |
| México | 69.9 | 64.8 | 68.0 | *67.8* |
| EE.UU. | 2.2 | 2.3 | 2.1 | 2.2 |
| Otro | 0.1 |  | 0.1 | 0.1 |
| No especificado | 0.3 | 0.3 | 0.1 | 0.2 |
|  | 100.0 | 100.0 | 100.0 | 100.0 |

Respecto a su experiencia electoral es de destacar que un 70 por ciento fueron reincidentes en una elección presidencial pues votaron en los comicios de 1994.

VÍCTOR ALEJANDRO ESPINOZA VALLE

### DISTRIBUCIÓN PORCENTUAL DE LA PARTICIPACIÓN ELECTORAL EN LAS ELECCIONES PRESIDENCIALES MEXICANAS DE 1994

|                 | Distrito | | | |
|-----------------|------|------|------|------|
|                 | 4    | 5    | 6    | Total |
| Sí              | 69.6 | 74.0 | 69.0 | 70.5 |
| No              | 30.2 | 25.7 | 30.7 | 29.2 |
| No especificado | 0.2  | 0.3  | 0.3  | 0.3  |
|                 | 100.0| 100.0| 100.0| 100.0|

## LOS RESULTADOS, ¿VOTO ESPECIAL?

POR ÚLTIMO, conviene detenernos en los resultados que arrojaron las casillas especiales, comparando con lo que aconteció en las casillas regulares en los tres distritos en los que se realizó la encuesta. Llama la atención el hecho de que en los tres distritos mencionados tanto la Alianza por el Cambio que postuló a Vicente Fox, como la Alianza por México, abanderada por Cuauhtémoc Cárdenas, obtuvieron porcentajes más altos de votación en las casillas especiales; no fue el caso del candidato priísta Francisco Labastida que en los tres casos resultó con porcentajes inferiores que en las casillas regulares.

### DISTRIBUCIÓN PORCENTUAL DE LA VOTACIÓN DE LOS TRES PRINCIPALES PARTIDOS. ELECCIÓN PARA PRESIDENTE DE LA REPÚBLICA, 2000

| DISTRITO 4 | | | |
|------------|-------|-------|-------|
| Casillas   |       |       |       |
| Regulares  | 49.84 | 36.35 | 10.06 |
|            | +1.06 | −2.75 | +4.17 |
| Especiales | 50.90 | 33.60 | 14.23 |

Fuente: Instituto Federal Electoral, 04 Distrito Electoral en Baja California, 2000.

## DISTRIBUCIÓN PORCENTUAL DE LA VOTACIÓN DE LOS TRES PRINCIPALES PARTIDOS. ELECCIÓN PARA PRESIDENTE DE LA REPÚBLICA, 2000

| DISTRITO 5 | | | |
|---|---|---|---|
| Casillas | | | |
| Regulares | 51.29 | 36.52 | 8.11 |
| | +11.59 | −12.35 | +3.43 |
| Especiales | 62.88 | 24.17 | 11.54 |

Fuente: Instituto Federal Electoral, 05 Distrito Electoral en Baja California, 2000

## DISTRIBUCIÓN PORCENTUAL DE LA VOTACIÓN DE LOS TRES PRINCIPALES PARTIDOS. ELECCIÓN PARA PRESIDENTE DE LA REPÚBLICA, 2000

| DISTRITO 6 | | | |
|---|---|---|---|
| Casillas | | | |
| Regulares | 49.42 | 38.64 | 7.66 |
| | +5.71 | −10.43 | +6.46 |
| Especiales | 55.13 | 28.21 | 14.12 |

Fuente: Instituto Federal Electoral, 06 Distrito Electoral en Baja California, 2000

De manera particular en el Distrito 5, Alianza por el cambio obtuvo la más alta diferencia a su favor en las casillas especiales con un 11.59 por ciento; pero ahí mismo el PRI obtuvo la diferencia más desfavorable de los tres distritos con un 12.35 por ciento. En el caso del candidato de la Alianza por México, Cuauhtémoc Cárdenas, su mejor diferencia fue en el Distrito 6 con un 6.46 por ciento.

En suma, en las casillas especiales, en comparación con las casillas regulares, se presenta una tendencia positiva hacia el voto por la Alianza por el Cambio, con mayor énfasis en el Distrito 5. En cuanto a los votos hacia el Partido Revolucionario Institucional su tendencia fue negativa en los tres distritos, resaltando más en el Distrito 5. La tendencia hacia la Alianza por México fue positiva, no con la magnitud de la Alianza por el Cambio, pero en promedio fue superior entre los tres y seis puntos porcentuales.

## Pocas novedades bajo las urnas especiales. A manera de conclusión

El único laboratorio con que contamos para conocer acerca de la participación electoral de nuestros migrantes internacionales es sin duda el de las casillas especiales, específicamente aquellas que son instaladas a lo largo de la frontera norte, en lugares cercanos a la línea divisoria entre México y Estados Unidos. La iniciativa sobre el voto de los mexicanos en el extranjero se encuentra congelada en el Congreso y seguramente será tema de debate internacional y se intensificará conforme nos acerquemos a la nueva elección presidencial del año 2006.

Previo al 2 de julio de 2000 las expectativas por conocer la reacción de los paisanos frente al proceso electoral crecieron. Ante la imposibilidad de emitir el voto desde Estados Unidos, muchos creyeron que aquellos que contaban con credencial federal electoral acudirían de manera entusiasta y masiva a las casillas especiales más cercanas a su lugar de residencia. Incluso los medios de comunicación hablaron de grandes caravanas de votantes que se trasladarían a la frontera sur de Estados Unidos. De nuevo la realidad superó a la ficción; el estudio que llevamos a cabo en El Colef nos permitió conocer el origen y perfil del votante en las casillas especiales instaladas en las ciudades de Tijuana y Rosarito, localidades que son una buena muestra representativa de lo que ocurrió en las 64 casillas instaladas a lo largo de la frontera norte.

La encuesta y observación de campo arrojaron como resultado el que comparativamente con otros procesos electorales federales el comportamiento fuera muy similar; la concurrencia no se volcó a las urnas y se mantuvieron los promedios de participación. Asimismo, los reclamos de los votantes fueron los mismos: protestas por la tardanza en la instalación de las casillas, el problema de la ubicación de las mismas o la insuficiencia de boletas. Respecto a esto último, ha sido un problema recurrente a lo largo del territorio nacional que, dada la ubicación, para algunas de las casillas el número de boletas –750 en este caso– sean insuficientes; ello provoca malestar y protestas permanentes; en la elección de 2000 no fue la excepción.

En su mayoría, quienes acudieron a votar a las casillas especiales fueron hombres, residentes en México. El 85 por ciento afirmaron vivir en nuestro país y sólo 15 por ciento se desplazaron de Estados Unidos a votar. Del universo de quienes acudieron del "otro lado", 9.8 por ciento respondieron que eran ciudadanos estadounidenses. Se trata de una cifra alta que evidencia una situación típicamente fronteriza e ilegal según nuestra normatividad que no permite la doble ciudadanía. De los residentes en México, un porcentaje alto (50 por ciento) manifestó residir en Baja California, lo cual corrobora que se trataba de personas que por alguna razón no aparecieron en el listado nominal de su sección electoral.

Respecto al nivel de instrucción, se aprecia que tienen un nivel bueno de educación formal y son adultos jóvenes de entre 25 y 40 años en promedio. También contaban con experiencia electoral, pues la mayoría respondió haber participado en los comicios federales de 1994. Por último, es de destacar que en las casillas especiales, respecto a los resultados de las casillas regulares y en los tres distritos bajo estudio, aumentó el voto opositor: tanto la Alianza por el Cambio como la Alianza por México recibieron mayor porcentaje de sufragios, no así el candidato priísta que vió descender su porcentaje. En los tres distritos los ciudadanos en tránsito se manifestaron mayoritariamente por Vicente Fox. Queda planteada la interrogante acerca de que si la condición migratoria –tanto interna como internacional– resulta una motivación adicional para inclinarse por candidatos opositores.

# Anexo 1
## Nota metodológica sobre las encuestas

*Población objetivo*

La población objetivo es el flujo de migrantes internacionales que se dirigen a o llegan de Estados Unidos de Norteamérica, durante el periodo de observación (del 17 de agosto al 16 de septiembre de 1998) por alguno de los cinco aeropuertos seleccionados. Operacionalmente, estos migrantes se definen de la siguiente forma:

Migrantes procedentes de Estados Unidos:

Viajero mayor de 18 años, que viene de Estados Unidos, nacido en México, residente en Estados Unidos o bien en México pero que visitó Estados Unidos por motivos de trabajo, de negocios, para trabajar o buscar trabajo, para cambiar de lugar de residencia o bien que permaneció en Estados Unidos más de un mes para estudiar, hacer turismo, pasear, hacer compras o visitar a familiares y amigos.

Migrantes con destino a Estados Unidos:

Viajero mayor de 18 años, que va a Estados Unidos, nacido en México, residente en Estados Unidos o bien en México, pero que visitará Estados Unidos por motivos de trabajo, de negocios, para trabajar o buscar trabajo, para cambiar de lugar de residencia o bien que permanecerá en Estados Unidos más de un mes para estudiar, hacer turismo, pasear, hacer compras o visitar a familiares y amigos.

*Marco muestral*

El marco muestral se elaboró con cartografías de los cinco aeropuertos seleccionados, especificando la movilidad de los pasajeros al interior de cada uno de los aeropuertos y el listado de todos los vuelos procedentes o que se dirigen a Estados Unidos.

*Metodología de selección*

El método de selección fue aplicado en varias etapas. Las unidades primarias fueron los cinco aeropuertos –ciudad de México, Zacatecas, Bajío, Morelia y Guadalajara– seleccionados de manera determinista. Las unidades secundarias de muestreo fueron los vuelos procedentes de o con destino a Estados Unidos (según la población objeto del muestreo) elegidos con igual probabilidad de selección por aeropuerto. Las siguientes unidades fueron los pasajeros de dichos vuelos (seleccionados con la misma probabilidad de selección), las unidades últimas de muestreo fueron los migrantes internacionales de acuerdo con la definición funcional enunciada anteriormente.

*Cuestionario*

Se utilizaron dos cuestionarios (uno para cada dirección del flujo). La estructura general de estos cuestionarios es la siguiente:

Un primer módulo de identificación, supervisión y ponderación;

Un segundo módulo de cédula filtro para discriminar a los pasajeros que, según la definición funcional, no pueden ser clasificados como migrantes;

Un tercer módulo sociodemográfico y de lugar de residencia;

Un cuarto módulo acerca del desplazamiento migratorio y experiencia migratoria internacional;

Un quinto módulo acerca de la participación electoral del entrevistado.

*Tamaño de muestra*

## NÚMERO DE VUELOS Y MIGRANTES SELECCIONADOS SEGÚN EL AEROPUERTO Y LA DIRECCIÓN DEL FLUJO MIGRATORIO

|  | *Bajío* | *D.F.* | *Guadalajara* | *Morelia* | *Zacatecas* | *Total* |
|---|---|---|---|---|---|---|
| Número *total* de vuelos con destino a Estados Unidos | 48 | 514 | 177 | 36 | 25 | |
| Número de vuelos *seleccionados* con destino a Estados Unidos | 20 | 18 | 14 | 20 | 24 | |
| Número *total de cuestionarios aplicados* con destino a Estados Unidos | 152 | 229 | 198 | 238 | 204 | 1,021 |
| Número *total* de vuelos procedentes de Estados Unidos | 27 | 525 | 198 | 37 | 24 | |
| Número de vuelos *seleccionados* procedentes de Estados Unidos | 16 | 20 | 25 | 17 | 13 | |
| Número *total de cuestionarios aplicados* procedentes de Estados Unidos | 100 | 211 | 255 | 215 | 117 | 898 |

## ENCUESTA DE OPINIÓN. CASILLAS ESPECIALES

*Población objetivo*

La población objetivo son los votantes de salida, es decir, todo ciudadano captado después de haber emitido su voto en las casillas especiales.

### Marco muestral

El marco muestral se apoyó en las 15 casillas electorales especiales ubicadas en la ciudad de Tijuana que corresponden a los distritos electorales 4, 5 y 6; además una casilla electoral ubicada en el municipio de Rosarito, que pertenece al Distrito Electoral 3.

### Cuestionario

Es un cuestionario de opinión que incluye 10 reactivos. Las primeras siete preguntas reflejan el perfil sociodemográfico del votante; la octava refleja sus antecedentes electorales y las dos últimas su trayectoria laboral.

### Tamaño de muestra

Se logró captar 3,221 cuestionarios, que cubren un 27.41 por ciento del total de votantes que acudieron a las 16 casillas especiales bajo estudio.

# Anexo 2
## Cuestionarios de las encuestas

MIGRACIÓN INTERNACIONAL
Y PARTICIPACIÓN ELECTORAL
AEROPUERTOS
FLUJO
CON DESTINO A EE.UU.

Fecha de entrevista:       Hora:

Aeropuerto:                Capacidad potencial:

Vuelo:

Ponderador:                Número de pasajeros en el vuelo:

### Cédula filtro

A) Va ud. a EE.UU.

  1. Sí                    2. No

B) Sexo

  1. Masculino        2. Femenino

C) Edad (en años)

D) ¿En qué país nació ud.?

  1. México        2. EE.UU.        3. Otros

E) ¿En qué país vive?

  1. México        2. EE.UU.        3. Otros

F) ¿Por cuál de las siguientes razones visitó EE.UU.?

  1. Estudio  2. Turismo  3. Visita a familiares o amigos  4. Trabajo  5. Negocios

  6. Trabajar o buscar trabajo       7. Cambios de residencia

G) ¿Estuvo usted en EE.UU. más de un mes?

  1. Sí    2. No

## PRESENTACIÓN. INICIA CUESTIONARIO
### *Acerca de usted me podría decir*

1. ¿Cuál fue su último año de escuela que aprobó?

Nivel: 1. Ninguno 2. Primaria 3. Secundaria 4. Preparatoria 5. Estudios técnicos con primaria 6. Estudios técnicos con secundaria 7. Normal 8. Profesional o posgrado 9. Elementary 10. High School 11. College

2. ¿Cuál es su estado civil?

1. Soltero     2. Casado     3. Unido     4. Separado o divorciado     5. Viudo

3. ¿En su casa, es usted el jefe del hogar?

1. Sí (pase a la pregunta 4)          2. No

3.1 Entonces me puede decir, ¿qué es usted del jefe del hogar?

1. Esposa (o) 2. Hijo (a) 3.Hermano (a) 4. Padre o madre 5. Otro parentesco 6. Sin relación de parentesco

### *Acerca de su lugar de residencia*

4 ¿En qué estado, país, municipio y localidad vive usted?
(Si su respuesta es México pase a pregunta 5)

1. México          2. EE.UU.

Estado, municipio o condado:

4.1 ¿Cuánto tiempo tiene de vivir en EE.UU.?

Cantidad de tiempo:

5. Durante los 30 días anteriores al inicio de este viaje, ¿trabajó usted en ese lugar?

1. Sí     2. No

### *Acerca de este viaje a EE.UU.*

6. Principalmente, ¿por cuál de las siguientes razones va a EE.UU.?

1. Trabajar 2. Buscar trabajo 3. Reunirse con familiares 4. Reunirse con amigos 5. Paseo 6. Negocios 7. Compras 8. Estudiar 9. De regreso a casa 10. Otro, ¿cuál?

7. ¿Cuanto tiempo piensa quedarse en EE.UU.?

Tiempo: 1. Días 2. Semanas 3. Meses 4. Años 5. Lo que se pueda 6. Siempre

8. ¿Cuál documento tiene para entrar a EE.UU.?

1. Pasaporte mexicano con visa  2. Pasaporte norteamericano    3. Otro, ¿cuál?

9.¿Desde cuándo lo tiene?

Tiempo:          1. semanas,          2. meses,          3. años

10. ¿Tiene documentos para trabajar en EE.UU.?

1. Sí          2. No

## Acerca de sus experiencias en EE.UU.

11. En total, ¿cuántas veces ha cruzado a los EE.UU. para trabajar o buscar trabajo?

0 (pase a pregunta 12)      Una vez (pase a pregunta 11.2)

11.1 ¿En qué año fue la primera vez que cruzó a EE.UU. a trabajar o buscar trabajo?

11.2 ¿En qué mes y año fue la última vez que cruzó a EE.UU. para trabajar o buscar trabajo?

11.3 ¿Esa última vez, ¿voló directamente desde una ciudad mexicana?

1. Sí    2. No

11.4 En esa ocasión, ¿cuánto tiempo permaneció usted en Estados Unidos?

1. Horas 2. Días 3. Semanas 4. Meses 5. Años

11.5 Principalmente, ¿por cuál de las siguientes razones regresó usted a su país de origen?

1. Se acabó el trabajo 2. Por cuestiones personales o visitar familiares 3. De paseo 4. Lo regresó la patrulla fronteriza 5. Trabajar 6. No encontró trabajo 7. Otra razón, ¿cuál?

## Acerca de su participación electoral

12. ¿Sabe usted que en el año 2000 se realizarán elecciones para Presidente en México?

1. Sí    2. No

13. En 1994, ¿votó usted en las elecciones para Presidente de México?

1. Sí    2. No

14. El día de esas votaciones, en 1994, ¿en qué estado y país vivía usted?

Estado                          País

15. Ese mismo día, ¿en qué país estaba?

País

16. ¿Tiene la credencial para votar con fotografía de las elecciones mexicanas?

1. Sí    2. No

16.1 ¿Piensa tramitar esta credencial?

1. Sí    2. No

16.2 ¿Desde cuándo tiene esta credencial?

Meses                     Años

16.3 ¿En cuál estado o entidad federativa obtuvo usted su credencial?

Estado

16.4 ¿Trae consigo la credencial para votar?

1. Sí    2. No

16.4.1 ¿Dejó su credencial en su lugar de residencia?
  1. Sí     2. No

16.4.1.1 La dejó encargada con amigos o familiares en otro lugar
  1. Sí     2. No

16.4.1.2 ¿En qué ciudad, estado y país la dejó?

País              Estado                Ciudad

17. ¿A ud. le gustaría votar en las elecciones presidenciales de México del año 2000 si estuviera en EE.UU.?
  1. Sí     2. No

17.1 ¿Cuánto tiempo estaría dispuesto a invertir para ir a votar a esas elecciones?
              Horas                    Minutos

17.2 ¿Estaría dispuesto a trasladarse a los siguientes lugares para ir a votar en esas elecciones del año 2000?

Lugar        ¿Se trasladaría para ir a votar?        1. Sí        2. No
Consulado de México más cercano
Otra ciudad de Estados Unidos
Otro condado
Una ciudad mexicana de la frontera

17.3 En caso de que para que los mexicanos que se encuentren en Estados Unidos puedan votar deba hacerse con anticipación un padrón o listado de ellos, ¿estaría ud. dispuesto a registrarse en ese padrón electoral?
              1. Sí                    2. No

17.3.1 ¿Cuánto tiempo estaría dispuesto a invertir para ir a registrarse en ese padrón?
              Horas                    Minutos

17.3.2 ¿Estaría dispuesto a trasladarse a los siguientes lugares para ir a registrarse en ese padrón electoral de mexicanos en Estados Unidos?

Lugar        ¿Se trasladaría para ir a votar?        1. Sí        2. No
Consulado de México más cercano
Otra ciudad de Estados Unidos
Otro condado
Una ciudad mexicana de la frontera

17.3.3. En caso de que para hacer este padrón electoral de mexicanos en Estados Unidos se necesitara una credencial o documento de identificación especial, ¿estaría ud. dispuesto a realizar los trámites necesarios para obtener esa credencial de identificación?
              1. Sí                    2. No

17.3.3.1 ¿Cuánto tiempo estaría dispuesto a invertir para ir a tramitar esa credencial de identificación?
              Horas                    Minutos

17.3.3.2 ¿Estaría dispuesto a trasladarse a los siguientes lugares para tramitar esa credencial de identificación?

Lugar        ¿Se trasladaría para ir a votar?        1. Sí        2. No

Consulado de México más cercano
Otra ciudad de Estados Unidos
Otro condado
Una ciudad mexicana de la frontera

18. ¿Piensa ud. que en Estados Unidos se podría votar por correo para esas elecciones presidenciales de México del año 2000?

1. Sí                        2. No

19. ¿Piensa ud. que los mexicanos que estén en Estados Unidos sin papeles puedan tener algún problema con la migra al momento de votar en esas elecciones para Presidente de México del año 2000?

1. Sí                        2. No

20. Por último, ¿cuáles de los siguientes documentos tiene o trae consigo?

| Documento | Tiene | 1. Sí | 2. No | Trae consigo | 1. Sí | 2. No |
|---|---|---|---|---|---|---|
| Pasaporte mexicano | | | | | | |
| Matrícula consular | | | | | | |
| Licencia para manejar mexicana | | | | | | |
| Pasaporte norteamericano | | | | | | |
| Tarjeta verde o *Green card* | | | | | | |
| Tarjeta de cruce fronterizo | | | | | | |
| Licencia para manejar norteamericana | | | | | | |

## MIGRACIÓN INTERNACIONAL Y PARTICIPACIÓN ELECTORAL AEROPUERTOS FLUJO PROCEDENTES DE ESTADOS UNIDOS

Fecha de entrevista:          Hora:

Aeropuerto:                   Capacidad potencial:

Vuelo:

Ponderador:                   Número de pasajeros en el vuelo:

### *Cédula de filtro*

A) Viene ud. de EE.UU.

  1. Sí     2. No

B) Sexo

  1. Masculino          2. Femenino

C) Edad (en años)

D) ¿En qué país nació ud.?
1. México        2. EE.UU.        3. Otros

E) ¿En qué país vive?
1. México        2. EE.UU.        3. Otros

F) ¿Por cuál de las siguientes razones visitó EE.UU.?
1. Estudio    2. Turismo    3. Visita a familiares o amigos    4. Trabajo
5. Negocios        6. Trabajar o buscar trabajo    7. Cambios de residencia

G) ¿Estuvo ud. en EE.UU. más de un mes?
1. Sí                                    2. No

## Presentación inicia cuestionario
## Acerca de usted me podría decir

1. ¿Cuál fue su último año de escuela que aprobó?
Nivel: 1. Ninguno 2. Primaria 3. Secundaria 4. Preparatoria 5. Estudios
técnicos con primaria 6. Estudios técnicos con secundaria 7. Normal
8. Profesional o posgrado 9. Elementary 10. High School 11. College

2. ¿Cuál es su estado civil?
1. Soltero 2. Casado 3. Unido 4. Separado o divorciado 5. Viudo

3. ¿En su casa, es usted el jefe del hogar?
1. Sí (pase a la pregunta 4)                2. No

3.1. Entonces me puede decir, ¿qué es usted del jefe del hogar?
1. Esposa (o) 2. Hijo (a) 3. Hermano (a) 4. Padre o madre 5. Otro parentesco
6. Sin relación de parentesco

## Enseguida le haré unas preguntas relacionadas
## a esta última vez que fue a EE.UU.

4. ¿En qué mes y año se fue a Estados Unidos?
Mes                    Año

5. ¿Esta última vez que fue a EE.UU. voló desde México directamente?
1. Sí                        2. No

6 ¿Cuál documento utilizó para entrar a Estados Unidos esta última vez?
1. Pasaporte con visa de negocios (B1) 2. Pasaporte con visa de estudiante (F1)
3. Pasaporte con visa de turista 4. Tarjeta verde o *Green card* 5. Pasaporte local
6. Pasaporte norteamericano 7. Otro, ¿cuál? 8. Ninguno (pase a pregunta 8)

7. ¿Desde cuándo lo tiene?
Tiempo:                1. Semanas            2. Meses            3. Años

8. ¿Tiene ud. documentos para trabajar en Estados Unidos?
1. Sí                        2. No

## *Acerca de su estancia en Estados Unidos, me puede decir:*

9. Esta última vez, ¿cuánto tiempo permaneció en Estados Unidos?
   1. Horas      2. Días            3. Semanas         4. Meses         5. Años

10. ¿En qué ciudad y estado estuvo la mayor parte del tiempo?
   Ciudad              Estado

11. ¿Tiene ud. familiares o amigos en esa ciudad?
   1. Sí              2. No

12. ¿En esta ocasión, ud. trabajó en Estados Unidos?
   1. Sí              2. No

13. Principalmente, ¿por cuál de las siguientes razones regresa ud. a su país de origen?
   1. Se acabó el trabajo 2. Por cuestiones personales o visita familiar 3. De paseo
   4. Lo regresó la migra o la patrulla fronteriza 5. Trabajar 6. No encontró trabajo
   7. Otra razón, ¿cuál?

14. En total, contando ésta, ¿cuántas veces ha cruzado a Estados Unidos para trabajar o buscar trabajo?
   1. Una vez (pase a la pregunta 15)
   2. Más de una vez (continúe)

14.1 ¿En qué año fue la primera vez que cruzó a Estados Unidos a trabajar o buscar trabajo?

15. ¿En qué estado o país, municipio y localidad vive ud.?
   Estado              Municipio o condado

15.1 ¿Cuánto tiempo tiene de vivir en Estados Unidos?
   Semanas            Meses            Días

16. En este último viaje, ¿cuánto tiempo hace que salió del lugar donde vive?
   Semanas            Meses            Días

## *Acerca de su participación electoral*

17. ¿Sabe ud. que en el año 2000 se realizarán elecciones para Presidente de México?
   1. Sí              2. No

18. En 1994, ¿votó ud. en las elecciones para Presidente de México?
   1.Sí              2. No

19. El día de esas votaciones, en 1994, ¿en qué estado y país vivía ud.?
   Estado              País

20. Ese mismo día, ¿en qué país estaba?
   País

21. ¿Tiene la credencial para votar con fotografía de las elecciones mexicanas?
   1. Sí              2.No

21.1 ¿Piensa ud. tramitar esta credencial en México?
   1. Sí              2. No

21.2 ¿Desde cuándo tiene esta credencial?

Meses                              Años

21.3 ¿En cuál estado o entidad federativa obtuvo ud. su credencial?

Estado

21.4 ¿Trae consigo la credencial para votar?

1. Sí                              2. No.

21.4.1 ¿Dejó su credencial para votar en su lugar de residencia?

1. Sí                              2. No

21.4.1.1 ¿La dejó encargada con amigos o familiares en otro lugar?

1. Sí                              2. No

21.4.1.2 ¿En qué ciudad, estado y país la dejó?

País              Estado               Ciudad

22. ¿A usted le gustaría votar en las elecciones presidenciales mexicanas de julio del año 2000 si estuviera en Estados Unidos?

1. Sí                              2. No

22.1 ¿Cuánto tiempo estaría dispuesto a invertir para ir a votar a esas elecciones?

Horas                            Minutos

22.2 ¿Estaría dispuesto a trasladarse a los siguientes lugares para ir a votar en esas elecciones del año 2000?

| Lugar | ¿Se trasladaría para ir a votar? | 1. Sí | 2. No |
|---|---|---|---|
| Consulado de México más cercano | | | |
| Otra ciudad de Estados Unidos | | | |
| Otro condado | | | |
| Una ciudad mexicana de la frontera | | | |

22.3 En caso de que para que los mexicanos que se encuentren en Estados Unidos puedan votar deba hacerse con anticipación un padrón o listado de ellos, ¿estaría ud. dispuesto a registrarse en ese padrón electoral?

1. Sí                              2. No

22.3.1 ¿Cuánto tiempo estaría dispuesto a invertir para ir a registrarse en ese padrón?

Horas                            Minutos

22.3.2 ¿Estaría dispuesto a trasladarse a los siguientes lugares para ir a registrarse en ese padrón electoral de mexicanos en Estados Unidos?

| Lugar | ¿Se trasladaría para ir a votar? | 1. Sí | 2. No |
|---|---|---|---|
| Consulado de México más cercano | | | |
| Otra ciudad de Estados Unidos | | | |
| Otro condado | | | |
| Una ciudad mexicana de la frontera | | | |

22.3.3. En caso de que para hacer este padrón electoral de mexicanos en Estados Unidos se necesitara una credencial o documento de identificación especial,

¿estaría ud. dispuesto a realizar los trámites necesarios para obtener esa credencial de identificación?

1. Sí                          2. No

22.3.3.1 ¿Cuánto tiempo estaría dispuesto a invertir para ir a tramitar esa credencial de identificación?

Horas                          Minutos

22.3.3.2 ¿Estaría dispuesto a trasladarse a los siguientes lugares para tramitar esa credencial de identificación?

| Lugar | ¿Se trasladaría para ir a votar? | 1. Sí | 2. No |
|---|---|---|---|
| Consulado de México más cercano | | | |
| Otra ciudad de Estados Unidos | | | |
| Otro condado | | | |
| Una ciudad mexicana de la frontera | | | |

23. ¿Piensa ud. que en Estados Unidos se podría votar por correo para esas elecciones presidenciales de México del año 2000?

1. Sí                          2. No

24. ¿Piensa ud. que los mexicanos que estén en Estados Unidos sin papeles puedan tener algún problema con la migra al momento de votar en esas elecciones para presidente de México del año 2000?

1. Sí                          2. No

25. Por último, ¿cuáles de los siguientes documentos tiene o trae consigo?

| Documento | Tiene | 1. Sí | 2. No | Trae consigo | 1. Sí | 2. No |
|---|---|---|---|---|---|---|
| Pasaporte mexicano | | | | | | |
| Matrícula consular | | | | | | |
| Licencia para manejar mexicana | | | | | | |
| Pasaporte norteamericano | | | | | | |
| Tarjeta verde o *Green card* | | | | | | |
| Tarjeta de cruce fronterizo | | | | | | |
| Licencia para manejar norteamericana | | | | | | |

## EL COLEGIO DE LA FRONTERA NORTE
## ENCUESTA DE OPINIÓN
## CASILLAS ESPECIALES

0) Sexo
   1. Masculino                 2. Femenino

1) ¿Cuántó años tiene usted?

2) ¿En qué país vive usted?
   1. México (pase a pregunta 3)
   2. EE.UU. (pase a pregunta 2.1)
   3. Otro (pase a pregunta 3)

2.1) ¿Cuál es el "estatus" de su residencia en EE.UU.?

  1. Ciudadano    2. Residente legal          3. Otro

3) ¿En qué estado, municipio, condado o ciudad vive usted?

  Estado                   Municipio, condado o ciudad

4) ¿En qué país nació usted?

  1. México         2. EE.UU.          3. Otro

5) ¿En qué estado nació usted?

  Estado

6) ¿Cuál es su escolaridad?

  Grado               Ciclo o nivel

7) ¿Votó usted en las elecciones presidenciales mexicanas de 1994?

  1. Sí         2. No

8) ¿Durante los últimos 30 días trabajó usted?

  1. Sí         2. No (Agradezca y termine)

8.1) ¿En que país trabajó usted?

  1. México         2. EE.UU.         3. Otro

Agradezca y termine

# Bibliografía

ACADEMIA MEXICANA DE DERECHOS HUMANOS, *Las elecciones federales de 2000 en México: análisis cualitativo de la cobertura y gastos de campaña en TV*, México, Academia Mexicana de Derechos Humanos, 2000.

ACOSTA VALVERDE, Miguel y Verónica García Dávalos, *Las elecciones federales de 2000 y la televisión en México: análisis de la cobertura de seis noticiarios y de lo gastos de los partidos políticos del 8 de mayo al 30 de junio de 2000*, México, Academia Mexicana de Derechos Humanos, 2000.

ALDUCIN, Enrique, "Resultados y evaluación de los conteos rápidos llevados a cabo en la última elección presidencial", *Este País*, México, núm. 114, septiembre de 2000, pp. 32-34.

ANDRADE, Eduardo, "El voto de los mexicanos en el extranjero", *Revista del Senado de la República*, México, vol. 4, núm. 13, octubre-diciembre de 1998, pp. 187-197.

APARICIO, Ricardo, "La magnitud de la manipulación del voto en las elecciones federales del año 2000, *Perfiles Latinoamericanos*, México, Flacso, núm. 20, junio de 2002, pp. 79-99.

ARCE ISLAS , Reni, *Transición democrática ante la crisis del presidencialismo*: *nuevo pacto social, alianzas y coaliciones hacia el 2000*, México, Plazas y Valdés, 1999.

ARRIOLA, Carlos, *El PAN, Fox y la transición democrática*, México, Reflexiones sobre el cambio, 2000.

BECERRA, Alejandro, "México y Estados Unidos en el proceso electoral 2000", *El Cotidiano*, México, UAM-Azcapotzalco, núm. 102, julio-agosto de 2000, pp. 88-101.

BECERRA, Ricardo y José Woldenberg, *La mecánica del cambio político en México: elecciones, partidos y reformas*, México, Cal y Arena, 2000.

BELTRÁN, Ulises, "¿Por qué fallaron las encuestas?", *Nexos*, México, núm. 272, agosto de 2000, pp. 46-49.

BUSTAMANTE, Jorge, *Migración internacional y derechos humanos*, México, Instituto de Investigaciones Jurídicas, UNAM, 2002.

CALDERÓN CHELIUS, Leticia, "El voto de los mexicanos en el exterior: la ampliación de los derechos políticos", *Relaciones Internacionales*, México, Facultad de Ciencias Políticas y Sociales-UNAM, núm. 79, enero-abril de 1999, pp. 99-108.

_____, *Vivir a dos tiempos. Actitudes políticas de inmigrantes mexicanos*, México, Facultad Latinoamericana de Ciencias Sociales, tesis de doctorado, noviembre de 1997.

_____ y Jesús Martínez Saldaña, *La dimensión política de la migración mexicana*, México, Instituto Mora, 2002.

_____ (coord.), *Votar es la distancia. La extensión de los derechos políticos a migrantes, experiencias comparadas*, México, Instituto Mora, 2003.

CAMPOS, Roy, "Encuestas de salida y conteos rápidos", *Nexos*, México, núm. 272, agosto de 2000, pp. 51-54.

CARPIZO, Jorge, "El peligro del voto de los mexicanos en el extranjero", *Nexos*, México, núm. 247, julio de 1998, pp. 11-12.

_____ y Diego Valadés, *El voto de los mexicanos en el extranjero*, México, Porrúa/UNAM, 1999.

CASAR, María Amparo, "Nada más que límites", *Nexos*, México, núm. 272, agosto de 2000, pp. 62-65.

CORDERA, Rolando, "El vuelco de las urnas", *Nexos*, México, núm. 272, agosto de 2000, pp. 31-33.

CORNELIUS, Wayne, "La eficacia de la compra y coacción del voto en las elecciones mexicanas de 2000", *Perfiles Latinoamericanos*, México, Flacso, núm. 20, junio de 2002, pp. 11-31.

COSSÍO, José Ramón, "Once partidos políticos para el 2000", *Voz y Voto*, México, núm. 79, septiembre de 1999, pp. 54-55.

COVARRUBIAS, Ana Cristina, "Mandato de las urnas", *Voz y Voto*, México, núm. 91, septiembre de 2000, pp. 47-49.

_____ y Enrique Alducin, "Encuestas y elecciones: primeras evaluaciones", *Este País*, México, núm. 113, agosto de 2000, pp. 41-46.

CRESPO, José Antonio, *Los riesgos de la sucesión presidencial: actores e instituciones rumbo al 2000*, México, Centro de Estudios de Política Comparada, 1999, 137 pp.

CUEVAS CANCINO, Francisco, "La llamada doble nacionalidad mexicana", *Iuris Tantum*, México, Facultad de Derecho, Universidad Anáhuac, primavera-verano de 1997, pp. 101-112.

DE LAS HERAS, María, *Uso y abuso de las encuestas: elección 2000, los escenarios*, México, Océano, 1999.

DÍAZ DE COSSÍO, Roger, "¿Deben votar los mexicanos desde el extranjero?", *Este País*, México, núm. 97, abril de 1999, pp. 14-18.

DÍAZ-SANTANA, Héctor, "El ejercicio de las instituciones electorales en la manipulación del voto en México", *Perfiles Latinoamericanos*, México, Flacso, núm. 20, junio de 2002, pp. 101-129.

DURAND PONTE, Víctor Manuel, *Etnia y cultura política. Los mexicanos en Estados Unidos*, México, Centro Regional de Investigaciones Multidisciplinarias/UNAM-Miguel Ángel Porrúa, 2000, 121 pp.

EDITORES DE *NEXOS*, "Doce reformas, tres comentarios", *Nexos*, México, núm. 283, julio de 2001, p. 12.

ESPINOZA VALLE, Víctor Alejandro y Ana Claudia Coutigno Ramírez, "Elecciones federales y concurrentes del año 2000 el norte mexicano", *Región y Sociedad*, Hermosillo, El Colegio de Sonora, núm. 25, septiembre-diciembre de 2002, pp. 195-218.

GAMÉS, Gilm, "Los anales del voto", *Nexos*, México, núm. 272, agosto de 2000, pp. 68-72.

GARCÍA MORENO, Víctor Carlos, "El voto de los mexicanos en el extranjero", *Revista Mexicana de Derecho Internacional Privado*, México, Instituto de Investigaciones Jurídicas-UNAM, núm. 6, abril de 1999, pp. 13-20.

GRUPO FINANCIERO BANAMEX-ACCIVAL, *México electoral* [disco compacto]: *estadísticas federales y locales, 1970-2000*, México, Grupo Financiero Banamex-Accival, 2001.

INSTITUTO FEDERAL ELECTORAL (IFE), *Bases y criterios con que habrá de atenderse e informar a los visitantes extranjeros que acudan a conocer las modalidades del proceso electoral federal del año 2000*, México, 2000

————, *Código Federal de Instituciones y Procedimientos Electorales y otros ordenamientos electorales*, México, noviembre de 1996.

————, *Compilación normativa electoral, 2000* [disco compacto], México, Instituto Federal Electoral, Centro de Formación y Desarrollo, 2000, + 1 folleto (18 p.)

————, *Comunicación política y elecciones*, México, 2000.

————, *El régimen electoral mexicano y las elecciones federales 2000: respuestas a 25 preguntas esenciales*, México, 2000.

————, *Informe final de la Comisión de Especialistas que estudia las modalidades del voto de los mexicanos residentes en el extranjero*, México, 12 de noviembre de 1998.

_____, *Memoria gráfica de la democracia, 2000*, México, 2000.

_____, *Proceso electoral federal, 2000: datos y numeralia más importantes*, México, 2000.

_____, *Proceso electoral federal, México 2000: información general*, México, 2000.

JIMÉNEZ, Raquel y Vidal Romeo, "Evaluación de las encuestas en la elección presidencial del 2000", *Este País*, México, núm. 114, septiembre de 2000, pp. 30-31.

*Ley de Nacionalidad,* www.cddhcu.gob.mx

LÓPEZ-GUERRA, Claudio, "¿Democracia o despotismo?", *Enfoque*, suplemento de *Reforma*, México, núm. 521, 22 de febrero de 2004, pp. 16-17.

MARTÍNEZ SALDAÑA, Jesús, "El voto de los mexicanos en el extranjero", *Quórum*, México, Instituto de Investigaciones Legislativas de la Cámara de Diputados, año VIII, núm. 67, julio-agosto de 1999, pp. 195-203.

MARTÍNEZ SILVA, Mario, *Diccionario electoral 2000*, México, Instituto Nacional de Estudios Políticos, 1999.

MIJANGOS Y GONZÁLEZ, Pablo, "El voto de los mexicanos en el extranjero: historia de una ciudadanía negada", *Istor*, México, CIDE, núm. 11, 2002, pp. 30-48.

NAVARRO FIERRO, Carlos M., *El voto en el extranjero. Estudio comparado*, México, IFE, 2001.

ORELLANA MOYAO, Alfredo, "Los mexicanos y las opciones políticas del año 2000", *Este País*, México, núm. 109, abril de 2000, pp. 19-26.

_____ y Carolina Gómez, "El balance electoral", *Este País*, México, núm. 113, agosto de 2000, pp. 14-19.

PACHECO MÉNDEZ, Guadalupe, "La conquista del electorado volátil en el 2000", *El Cotidiano*, México, UAM-Azcapotzalco, núm. 101, mayo-junio de 2000, pp. 5-11.

PARRA, José Francisco, "Acercamiento al derecho de la migración y la ciudadanía transnacional. El caso de los emigrantes mexicanos y sus derechos políticos", *América Latina Hoy*, revista de ciencias sociales, Salamanca, Universidad de Salamanca, vol. 33, abril de 2003, pp. 73-100.

_____, *Reformas electorales y posición partidista sobre los emigrantes españoles: controversias sobre el CERA y los electores en el exterior (1993-2000)*, Salamanca, Universidad de Salamanca, 2003, 63 pp. (mimeo.).

PESCHARD, Jacqueline, "Introducción", en Jacqueline Peschard (coord.), *Cultura política*, México, Congreso Nacional de Ciencia Política, UAM, IFE, CNCPYAP, 1996.

_____, "Paradojas de las coaliciones", *Nexos*, México, núm. 272, agosto de 2000, pp. 59-60.

REYES HEROLES, Federico (coord.), *Hacia la presidencia en el 2000*, México, Fondo de Cultura Económica, 2000.

RIVERA FLORES, Antonio, "El voto de los mexicanos en el extranjero, acciones nacionales. ¿Reacciones del exterior?", *Revista de Ciencias Políticas y Administración Pública*, México, Facultad de Ciencias Políticas y Sociales-UNAM, núm. 21, mayo-agosto de 1999, pp. 137-160.

ROBINSON, Armando, "Cartografía del voto", *Voz y Voto*, México, núm. 91, septiembre de 2000, pp. 41-45.

RODRÍGUEZ HUERTA, Tania Gabriela, "Reflexiones en torno a la reforma de los artículos 30, 32 y 37 de la Constitución mexicana", en *Anuario de Derecho Público. Los controles constitucionales*, México, McGrawHill-ITAM, 1997, pp. 367-379.

ROSS PINEDA, Raúl, *Los mexicanos y el voto sin fronteras*, Chicago, Salsedo Press, 1999.

S. LYNNE, Walker y Anna Cearley, "Mexican's electoral pilgrimage", *The San Diego Union-Tribune*, San Diego, Cal., 1o. de julio de 2000, pp. A1-A21.

SALINAS R., Víctor M., "Migrantes en las urnas", *En Pleno. Debate Legislativo*, México, núm. 8, 18 de febrero de 2003, pp. 13-16.

SANTAMARÍA GÓMEZ, Arturo, *La política entre México y Aztlán. Relaciones chicano-mexicanas del 68 a Chiapas 94*, Culiacán, Universidad Autónoma de Sinaloa, 1994.

SANTIBÁÑEZ ROMELLÓN, Jorge, "Acerca del voto de los mexicanos en el extranjero", El Colegio de la Frontera Norte, 1998, 7 pp. (mimeo.).

_____, "¿Es viable la participación electoral de los migrantes?", *Zeta*, Tijuana, 18-24 de julio de 2003, p. 4B.

TRIBUNAL ELECTORAL DEL PODER JUDICIAL DE LA FEDERACIÓN, *El sistema mexicano de justicia electoral: proceso electoral federal, 1999-2000*, México, 2000.

TUIRÁN, Rodolfo (coord.), *Migración México-Estados Unidos. Presente y futuro*, México, Consejo Nacional de Población, 2000.

WOLDENBERG, José, "Doce cambios deseables", *Nexos*, México, núm. 283, julio de 2001, pp. 44-49.

_____, "La alternancia", *Nexos,* México, núm. 272, agosto de 2000, pp. 36.

_____, *La construcción de la democracia*, México, Plaza y Janés, 2002.

_____, "Las encuestas electorales como instrumento de confianza", *Este País*, México, núm. 101, agosto de 1999, pp. 3-7.

ZÚÑIGA GONZÁLEZ, Víctor, "El voto de la diáspora. Participación electoral de los mexicanos en el extranjero y transición democrática", *Trayectorias*, núm. 11, Monterrey, Universidad Autónoma de Nuevo León, enero-abril de 2003, pp. 44-56.

# Índice

LUDGER PRIES
*Entre el corporativismo productivista
y la participación de los trabajadores.
Globalización y relaciones industriales
en la industria automotriz mexicana*

PATRICIA RAMÍREZ KURI
(COORDINADORA)
*Espacio público y reconstrucción de ciudadanía*

ÁLVARO MATUTE, EVELIA TREJO
BRIAN CONNAUGHTON
(COORDINADORES)
*Estado, Iglesia y sociedad en México. Siglo XIX*

VÍCTOR MANUEL DURAND PONTE
*Etnia y cultura política:
los mexicanos en Estados Unidos*

MARÍA DE LA PAZ LÓPEZ, VANIA SALLES
(COMPILADORAS)
*Familia, género y pobreza*

GUADALUPE MÁNTEY DE ANGUIANO,
NOEMI LEVY ORLIK
(COORDINADORAS)
*Financiamiento del desarrollo
con mercados de dinero y capital globalizados*

JENNIFER COOPER, TERESITA DE BARBIERI
TERESA RENDÓN, ESTELA SUÁREZ
ESPERANZA TUÑÓN
(COMPILADORAS)
*Fuerza de trabajo femenina urbana en México
Volumen I: Características y tendencias
Volumen II: Participación económica y política*

ENRIQUE CABRERO MENDOZA
GABRIELA NAVA CAMPOS
(COORDINADORES)
*Gerencia pública municipal.
Conceptos básicos y estudios de caso*

RICARDO VALERO
(COMPILADOR)
*Globalidad: una mirada alternativa*

ESTELA MARTÍNEZ BORREGO
HERNÁN SALAS QUINTANAL
(COORDINADORES)
*Globalización e integración regional
en la producción y desarrollo tecnológico
de la lechería mexicana*

ALICIA ZICCARDI
*Gobernabilidad y participación ciudadana
en la ciudad capital*

TONATIUH GUILLÉN LÓPEZ
*Gobiernos municipales en México:
entre la modernización y la tradición política*

ORLANDINA DE OLIVEIRA
MARIELLE PEPIN LEHALLEUR,
VANIA SALLES
(COMPILADORAS)
*Grupos domésticos y reproducción cotidiana*

EMILIO DUHAU
*Hábitat popular y política urbana*

FEDERICO NOVELO URDANIVIA
*Hacia la evaluación del TLC*

ALBERTO RÉBORA TOGNO
*¿Hacia un nuevo paradigma de la
planeación de los asentamientos humanos?
Políticas e instrumentos de suelo para un
desarrollo urbano sostenible, incluyente y
sustentable. El caso de la región oriente
en el Valle de México*

JOHN BAILEY
*Impactos del TLC en México y Estados Unidos:
efectos subregionales del comercio
y la integración económica*

MARÍA EUGENIA DE LA O MARTÍNEZ
*Innovación tecnológica y clase obrera:
estudio de caso de la industria maquiladora
electrónica R.C.A. Ciudad Juárez, Chihuahua*

JORDY MICHELI
(COORDINADOR)
*Japan Inc. en México.
Las empresas y modelos laborales japoneses*

JORGE FUENTES MORÚA
*José Revueltas: una biografía intelectual*

ABELARDO VILLEGAS, JOSÉ LUIS OROZCO
IGNACIO SOSA, ANA LUISA GUERRERO
MAURICIO BEUCHOT
*Laberintos del liberalismo*

ISAAC M. KATZ
*La apertura comercial y su impacto regional
sobre la economía mexicana*

MIGUEL ÁNGEL AGUILAR, AMPARO SEVILLA
ABILIO VERGARA
(COORDINADORES)
*La ciudad desde sus lugares. Trece ventanas
etnográficas para una metrópoli*

FRANCISCO LÓPEZ CÁMARA
*La clase media en la era del populismo*

ARTURO GUILLÉN Y GREGORIO VIDAL
(COORDINADORES)
*La economía mexicana bajo la crisis
de Estados Unidos*

GUSTAVO GARZA VILLARREAL
*La gestión municipal en el
Área Metropolitana de Monterrey,
1989-1994*

ESTELA MARTÍNEZ BORREGO
HERNÁN SALAS QUINTANAL
Y SUSANA SUÁREZ PANIAGUA
*La globalización del sistema lechero
en La Laguna: estructura productiva,
desarrollo tecnólogico y actores sociales*

ALEJANDRO PORTES, LUIS GUARNIZO
Y PATRICIA LANDOLT
(COORDINADORES)
*La globalización desde abajo:
transnacionalismo inmigrante y desarrollo.
La experiencia de estados Unidos
y América Latina*

VÍCTOR ALEJANDRO PAYÁ PORRES
*Laguna Verde: La violencia de la
modernización. Actores y movimiento social*

MANUEL VILLA AGUILERA
*La institución presidencial
El poderde las instituciones y
los espacios de la democracia*

RAÚL BÉJAR NAVARRO
HÉCTOR H. HERNÁNDEZ BRINGAS
*La investigación en ciencias sociales
y humanidades en México*

TERESA PACHECO MÉNDEZ
*La investigación universitaria en ciencias
sociales. Su promoción y evaluación*

JULIO LÓPEZ GALLARDO
*La macroeconomía de México:
el pasado reciente y el futuro posible*

RICARDO POZAS HORCASITAS
*La modernidad atrapada en su horizonte*

ENRIQUE CABRERO MENDOZA
*La nueva gestión municipal en México.
Análisis de experiencias innovadoras
en gobiernos locales*

FEDERICO NOVELO
(COORDINADOR)
*La política económica y social
de la alternancia. Revisión crítica*

MÓNICA VEREA CAMPOS
JOSÉ LUIS BARROS HORCASITAS
(COORDINADORES)
*La política exterior norteamericana
hacia Centroamérica.
Reflexiones y perspectivas*

CLARA JUSIDMAN
*La política social en Estados Unidos*

LILIANA KUSNIR
*La política social en Europa*

MARIO RAMÍREZ RANCAÑO
*La reacción mexicana
y su exilio durante la revolución de 1910*

ABRAHAM A. MOLES
*Las ciencias de lo impreciso*

ALENKA GUZMÁN
*Las fuentes del crecimiento
en la siderurgia mexicana. Innovación,
productividad y competitividad*

HUMBERTO MUÑOZ GARCÍA
ROBERTO RODRÍGUEZ GÓMEZ
(COORDINADORES)
*La sociedad mexicana frente al tercer milenio*
3 tomos

ENRIQUE CABRERO MENDOZA
(COORDINADOR)
*Las políticas descentralizadoras en México
(1983-1993). Logros y desencantos*

ROLANDO CORDERA,
Y ALICIA ZICCARDI
(COORDINADORES)
*Las políticas sociales
de México al fin del milenio.
Descentralización, diseño y gestión*

GRACIELA BENSUSÁN AREOUS
(COORDINADORA)
*Las relaciones laborales y el Tratado
de Libre Comercio*

CAMBIO XXI, FUNDACIÓN MEXICANA
(COORDINADORA)
*Las transiciones a la democracia*

ALICIA ZICCARDI
(COORDINADORA)
*La tarea de gobernar: gobiernos locales
y demandas ciudadanas*

DAVID ARELLANO, ENRIQUE CABRERO
ARTURO DEL CASTILLO
(COORDINADORES)
*Reformando al gobierno: una visión
organizacional del cambio gubernamental*

CARLOS HERRERO BERVERA
*Revuelta, rebelión y revolución en 1810.
Historia social y estudios de caso*

JOSÉ LUIS OROZCO
*Sobre el orden liberal del mundo*

AQUILES CHIHU AMPARÁN
(COORDINADOR)
*Sociología de la identidad*

GINA ZABLUDOVSKY
*Sociología y política, el debate clásico
y contemporáneo*

GRACIELA BENSUSÁN,
TERESA RENDÓN
(COORDINADORAS)
*Trabajo y trabajadores
en el México contemporáneo*

JOSÉ LUIS BARROS HORCASITAS
JAVIER HURTADO
GERMÁN PÉREZ FERNÁNDEZ DEL CASTILLO
(COMPILADORES)
*Transición a la democracia
y reforma del Estado en México*

CARLOS BARBA SOLANO
JOSÉ LUIS BARROS HORCASITAS
JAVIER HURTADO
(COMPILADORES)
*Transiciones a la democracia en Europa
y América Latina*

LILIA DOMÍNGUEZ VILLALOBOS
FLOR BROWN GROSSMAN
*Transición hacia tecnologías flexibles
y competitividad internacional
en la industria mexicana*

MARTHA SCHTEINGART
EMILIO DUHAU
(COORDINADORES)
*Transición política y democracia
municipal
en México y Colombia*

UGO PIPITONE
*Tres ensayos sobre desarrollo y frustración:
Asia oriental y América Latina*

BLANCA SOLARES
*Tu cabello de oro Margarete...
Fragmentos sobre odio, resistencia
y modernidad*

CARLOS MOREIRA
*Una mirada a la democracia uruguaya.
Reforma del estado y delegación legislativa
(1995-1999)*

MASSIMO L. SALVADORI,
NORBERT LECHNER, MARCELO CAVAROZZI,
ALFRED PFALLER, ROLANDO CORDERA,
ANTONELLA ATTILI
*Un Estado para la democracia*

RAÚL BENÍTEZ MANAUT,
LUIS GONZÁLEZ SOUZA
MARÍA TERESA GUTIÉRREZ HACES
PAZ CONSUELO MÁRQUEZ PADILLA
MÓNICA VEREA CAMPOS (COMPILADORES)
*Viejos desafíos, nuevas perspectivas:
México-Estados Unidos
y América Latina*

LUIS F. AGUILAR VILLANUEVA
*Weber: la idea de ciencia social
Volumen I: La tradición
Volumen II: La innovación*

# Estudios de género

*El voto lejano. Cultura política y migración México-Estados Unidos*, se terminó de imprimir en la ciudad de México, durante el mes de mayo del año 2004. La edición, en papel de 75 gramos, consta de 1,000 ejemplares más sobrantes para reposición y estuvo al cuidado de la oficina litotipográfica de la casa editora.

ISBN 970-701-469-5
MAP: 042005-01

# Notas